DECORACION
Natural

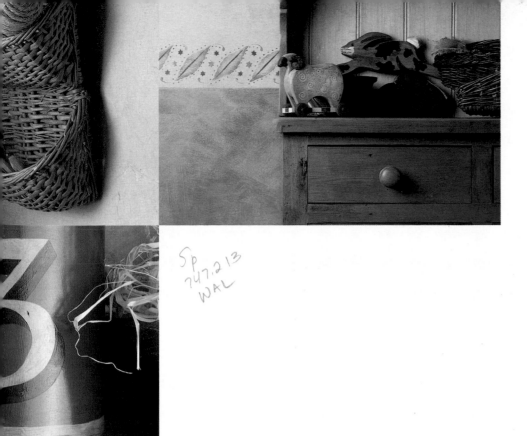

DECORACION
Natural

STEWART Y SALLY WALTON

Título original : COUNTRY DECORATING

©1996 Editorial ÁGATA
C/ Narciso Serra, 25
28007 MADRID
Tel. (91) 433 54 07
Fax (91) 433 02 04

©Annes Publishing Limited

Traducción : Blanca del Cerro
Fotocomposición: Versal Artes Gráficas, S.L.

ISBN : 84-8238-059-1

49

Contenido

Decoración natural

El estilo rústico tiene muchas interpretaciones y en todo el mundo hay ciudadanos que sueñan con una forma de vida más tranquila, regulada por cambios estacionales, no por directrices artificiales. Las casas de campo tienen vida y crecen; la decoración rústica es para vivirla, no sólo para contemplarla. El estilo rústico puede variar mucho según la nacionalidad y el clima local, pero hay una serie de elementos reconocibles. Es un estilo casero, funcional y confortable. Las cocinas rústicas pueden ser un derroche de dibujo y color, con aparadores donde se amontona una exposición de porcelanas, y vigas de donde cuelgan cestos llenos de flores secas y hierbas. La batería de cobre brillante nunca debe quedar oculta en un armario, sino que puede exhibirse colgando en alto con la ayuda de ganchos de carnicero. Los suelos tienen que ser prácticos, resistentes y fáciles de limpiar, por lo que la mejor elección son tablas, baldosas, linóleo o planchas de corcho, que pueden atenuarse con tapices de suelo de algodón o alfombrillas lavables. Por toda la casa los arreglos florales siguen las normas de la naturaleza y se combinan con otros materiales orgánicos para ofrecer un estilo más informal y espontáneo que las flores de invernadero. La casa rústica no es una exposición de la moda, y sus combinaciones de colores deben reflejar el color natural del paisaje; no han de ser necesariamente apagados y suaves, pueden ser tan ricos como el otoño, con toques de luminosidad o cálidos como los pastos estivales, plagados de ranúnculos o como un campo de maíz maduro. Hay que tomarse tiempo para ser creativo. Aquí veremos una serie de proyectos paso a paso que se adaptan a todos los niveles de experiencia y capacidad creativa. Posiblemente habrá a quien le intimiden los bordados y, sin embargo, se sienta más seguro con la realización de dibujos en estaño con un martillo y un clavo.; tal vez seamos incapaces de efectuar arreglos florales, pero capaces de introducir unas cuantas corolas en un tiesto. Se elija lo que se elija, debemos asegurarnos de que todos los proyectos van a tener una máximo efecto con un mínimo esfuerzo.

Si queremos introducir variaciones en las paredes, podemos aplicar un barniz de color con un trozo de espuma o bien pintar una

ABAJO: *La labor confeccionada con cuadros de colores, bella pero práctica, es típica del estilo rústico.*

cenefa estarcida. Para dar a las tablas del suelo un aspecto de tarima, primero es necesario lijarlas, pero la pintura puede aplicarse y secarse en una tarde. Si hemos considerado la colocación de planchas de corcho, podemos pintar la mitad en negro, lo que da una verdadera sensación de tablero de ajedrez. Cuando llegue el momento de elegir los materiales, o los muebles para decorar, ¡deberemos seguir los pasos de la ardilla y acumular cosas!. Hay muchísimas tiendas de artículos de segunda mano, ventas de objetos varios y ventas por liquidación, y si compramos cosas con posibilidades, siempre tendremos algo a mano cuando surja la creatividad. Con un sentido muy práctico recientemente ha habido un importante cambio en los materiales de decoración del hogar con la aparición de las pinturas al agua. Ya no son necesarios disolventes para limpiar las brochas, que se aclaran bajo el grifo. La mayor ventaja de

esta revolución es que el tiempo de la decoración ha quedado reducido a la mitad. Los productos al agua secan muy deprisa, lo cual resulta especialmente útil cuando se aplican muchas capas de barniz a los muebles pintados. Una regla que se debe recordar es no mezclar aceite y agua, por lo que si se tiñe el barniz para dar sensación de antigüedad, hay que mezclar elementos acrílicos con barniz transparente al agua o pintura al óleo con barniz tradicional. Tanto si pretendemos dar un

Arriba: *La labor confeccionada con cuadros de colores, bella pero práctica, es típica del estilo rústico.*

aspecto rústico completo a nuestro hogar, o incluir únicamente unos cuantos detalles, procuremos decorar siempre de manera que resulte adecuada al carácter y a la edad de la casa. Aprovechemos las mejores características, por ejemplo una ventana con una bonita forma, como puntos focales; tengamos valor para eliminar una chimenea espantosa o disimular unas vigas demasiado voluminosas. La casa debe agradarnos, y el estilo rústico se compone de toques personales, elementos naturales, calidez y comodidad. Así pues, sigamos nuestros instintos y disfrutemos del encanto de la vida rústica.

Paredes y Suelos

Una capa de pintura o una cubierta de suelo interesante transformarán cualquier habitación y serán el escenario de un estilo totalmente rústico. Transformemos las paredes con estarcidos o con un friso pintado a mano; los dibujos con espuma parecen tan auténticos como el papel pintado a mano y su coste es muy inferior. En cuanto a los suelos, podemos probar con tablas entarimadas, planchas de corcho o un falso tapiz.

La paleta rústica

El color tiene gran influencia sobre nosotros: puede afectar a nuestro estado anímico de forma espectacular. Elijamos la paleta de colores en la armonía de la naturaleza, evitando aquellos que sean artificialmente brillantes. Sería un error pensar que todos los colores naturales son matices del beige; imaginemos el otoño y la inmensa variedad de amarillos, naranjas y escarlatas que se confunden entre los árboles.

Al pintar las paredes al estilo rústico, más vale evitar un acabado perfecto y uniforme: por el contrario, busquemos un efecto suave, vivo y descolorido. Al hacerlo, podemos utilizar colores fuertes pero transparentes que no sean tan pesados como un color sólido. No hay que evitar los colores vivos como el rojo ladrillo o el verde y azul oscuros. Los muebles, tapices, cuadros, ornamentos, cojines y cortinas se combinarán para absorber la intensidad del color de la pared y diluir su fuerza. Si las habitaciones son oscuras, utilizaremos los colores vivos sólo a la altura de los rodapiés, con un color cremoso y suave en las paredes y el techo. Los colores más oscuros pueden ser muy agradables en una habitación grande, pero si queremos que una habitación parezca mayor, sería mejor utilizar una combinación más suave y una cenefa pintada con estarcido o a mano que añada color e interés.

Si no nos animamos a mezclar nosotros mismos la pintura, podemos buscar una de las nuevas gamas «históricas» hechas por fabricantes especializados. Estas pinturas son mucho más costosas que las marcas normales, pero las gamas de colores están diseñadas para armonizar con materiales de construcción antiguos y naturales y tejidos viejos, y si nuestro presupuesto puede adaptarse a ellas, son realmente maravillosas. Si no nos animamos y preferimos paredes blancas, hay que pensar en hacer resaltar la carpintería. Podemos pintar los zócalos y los marcos de las puertas y las ventanas con un

ARRIBA: *Los colores derivados de la naturaleza no son necesariamente sombríos. Pensemos en el cielo azul claro o en un campo de flores silvestres.*

color vivo y brillante, dejarlo secar y después aplicar un color suave en la parte superior. Utilizaremos un paño húmedo para quitar parte de la última mano, y papel de lija para levantar el color que se ha secado. Esto producirá un efecto de destellos de brillo que añadirá calidez a la habitación. Elegiremos colores naturales que nos alegren, y no debemos olvidar que en la decoración al estilo rústico no se trata de que todo vaya a juego. No es necesario que las cortinas, las alfombras y las pantallas combinen. Por el contrario, cuanto más ecléctica sea la selección, más sorprendente suele ser el efecto.

Para conferir un aspecto rústico a una casa es preciso prestar atención a los puntos básicos: las paredes y los suelos. Procurando que éstos sean los adecuados, el resto es sencillo. Una habitación desnuda con pintura mural granulada, pintada con estarcido y un suelo entarimado tiene un verdadero aspecto rústico, mientras que un salón con papel pintado, cornisa y una gruesa alfombra no puede convertirse en «rústica» por el hecho de añadir utensilios del arte popular o un mueble rústico.

Lo ideal es vaciar la casa, quitar las alfombras y los papeles pintados viejos y empezar de cero, pero eso es un lujo que pocos pueden permitirse. Resulta más práctico pensar habitación por habitación, repintar las paredes y añadir uno de los suelos de estilo rústico que se explican en este capítulo.

En este capítulo vemos cómo pueden cambiarse los elementos básicos de una habitación para que resulte más personal. Al pintar, estarcir o grabar las paredes, éstas se convierten verdaderamente en algo propio, lo que nunca sucede con el papel pintado, ¡por muy bueno que sea uno al ponerlo! A veces sugerimos pequeñas trampas: hacer rugosas las superficies uniformes, retirar más pintura de la que se aplica, o estarcir de forma desigual para conferir un aspecto desgastado. No se puede esperar cien años para que esto se produzca naturalmente. Las ideas de los proyectos están inspiradas en ejemplos del arte popular y de la vida real de la decoración rústica de casas de época. Recientemente ha resurgido el interés en el tema y ahora es posible comprar productos que envejecen prácticamente casi todo, con montones de elementos necesarios para la tarea.

Se elija lo que se elija para las paredes y el suelo, es importante considerarlo como el telón de fondo de los propios gustos y pertenencias. Las pinturas, espejos, lámparas, plantas, estanterías, tapices y muebles se añadirán al efecto final. Una cenefa pintada puede dominar demasiado en una habitación vacía, pero el efecto resultará mucho más sutil una vez añadidos los elementos, accesorios y detalles personales. Recordemos que el estilo rústico está más relacionado con la relajación, la comodidad y la armonía que con la precisión y la moda; éste es el tipo de decoración en el que resulta un placer envolverse, por lo tanto, disfrutemos tanto del proceso como del resultado.

EN EL SENTIDO DE LAS AGUJAS DEL RELOJ DESDE ARRIBA A LA IZQUIERDA: *Las paredes y los suelos se han cubierto con barniz teñido para simular la pátina del tiempo. El rojo ladrillo oscuro es atrevido, pero cálido en una sala de estar. Los colores suaves de esta colcha a cuadros se combinan con unas puntadas vibrantes.*

11

Barniz de color aplicado con brocha

Este acabado suave y desigual es rústico puro. Tradicionalmente se consigue utilizando un color rebajado muy líquido, o bien un barniz con base de aceite teñido con pintura al óleo sobre pintura de aspecto agrietado. Este proyecto ofrece el mismo efecto, pero resulta más fácil de conseguir.

El elemento poco usual del barniz es la pasta para papel pintado, que se mezcla normalmente antes de añadir la cola. La pasta para papel pintado añade transparencia al color y la cola sella la superficie cuando se seca. Para teñir el barniz puede utilizarse pintura en polvo, guache o acrílica, mezclando primero con un poco de agua para facilitar la mezcla. Utilizar una brocha grande para aplicar el barniz, dando ligeros toques en la pared unas cinco veces. Después extender el barniz aleatoriamente por toda la superficie, para aprovechar los toques y cubrir la zona. Cubrir la pared completa, mezclando cada zona con la siguiente.

Éste es un sistema de pintura muy económico, por lo que se puede mezclar más barniz del que se vaya a utilizar y desechar el resto. Más vale que sobre que no que falte pues resulta difícil conseguir el color original. Con un litro de barniz se cubren casi 40 metros cuadrados.

MATERIALES

cola
pasta para papel pintado
pintura acrílica, guache o en polvo,
para colorear el barniz
una brocha grande

1

Preparar la superficie de la pared; lo ideal es que quede de color blanco sucio, pero cualquier otro claro servirá si está limpio. Humedecer la pintura vieja con un decapante alcalino y dejarlo secar. Mezclar el barniz, utilizando 1 parte de cola, 5 partes de agua y 1/4 parte de pasta para papel pintado. Teñirlo con tres chorros de 20 cm de un tubo de pintura guache o acrílica, variando la intensidad del color según el gusto. Probar en un recorte de papel de revestimiento pintado con el mismo color de fondo que las paredes. Probar la textura del barniz y la brocha, y ajustar el color en esta fase si es necesario.

2

Empezar a aplicar el barniz en la zona de la habitación que vaya a quedar oculta por muebles o cuadros; a medida que la técnica vaya mejorando, pasar a las partes más expuestas. Empezar por la parte superior de la pared, aplicando toques de barniz con la brocha y después extendiéndolo por la superficie mediante brochazos aleatorios, como hemos descrito antes.

3

El aspecto que presenta es veteado, formado por los brochazos, pero puede suavizarse antes de que seque por completo. Transcurridos unos 5 minutos, pasar ligeramente la brocha por la superficie pero sin barniz. Ésta recogerá el exceso de barniz de la superficie, que presentará un aspecto más uniforme y no tan veteado. Al llegar a los bordes y los rincones, aplicar el barniz y después llevar la brocha hacia la parte externa del borde o el rincón. Tal vez el color haya quedado más concentrado en algunos lugares, pero su aspecto será muy distinto con la habitación amueblada.

Acabado de pintura «granulado» para paredes

Tal vez sea necesario «arrugar» un poco las paredes para que adquieran este aspecto, lo cual resulta fácil con un cubo de aguaplás, una espátula y un poco de papel de lija de grano grueso. ¡La preparación es a la inversa de lo habitual!

Este acabado imita al resplandor granulado de color suave y opaco de la pintura al temple, la más utilizada antes de inventarse la pintura de emulsión. La decoración con esta pintura de «acabado granulado» presenta la ventaja de que puede aplicarse directamente sobre hormigón, yeso o cartón-yeso, casi en cualquier superficie, sin necesidad de papel de revestimiento o imprimaciones especiales. La pintura se diluye con agua hasta lograr la consistencia requerida y se aplica en la pared con una brocha grande. Los fallos y los churretes pueden eliminarse con un paño húmedo y es un placer utilizar la pintura. Tarda unas dos horas en secar y el color se suaviza considerablemente una vez seca, hasta presentar el efecto final: una superficie suave y rugosa de color mate que conferirá una calidez instantánea a cualquier habitación.

El efecto «deteriorado» del yeso confiere un aspecto deliciosamente rústico. Tal vez quepa imaginar que los habitantes rurales no tenían tiempo o tendencia a la decoración con un acabado perfecto; cualquiera que sea la razón, hay algo muy confortable en las paredes con superficies irregulares y pintura descolorida.

MATERIALES

aguaplás
espátula
papel de lija de grano grueso
«Paleta mediterránea»
pintura en tono «Asia»
brocha grande

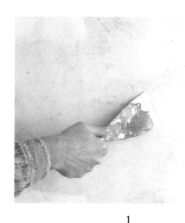

1

Preparar las paredes eliminando todo resto de papel pintado hasta dejar el yeso liso. Extender el aguaplás irregularmente con la espátula para simular la textura desigual del yeso viejo. Aplicar finas capas de forma aleatoria en varias direcciones. No hay que preocuparse por el efecto que produzca, porque siempre se puede frotar con el papel de lija una vez seca la pared, aproximadamente una hora después.

2

Mezclar el aguaplás una vez seco con la superficie de la pared original utilizando el papel de lija, dejando zonas más rugosas para obtener un efecto de mayor deterioro. Mezclar la pintura con agua: 2 partes de agua por 1 parte de pintura.

3

Empezar a pintar a la altura del techo. Es posible que la pintura salpique un poco, por lo que hay que cubrir todas las superficies con una sábana vieja o unos trapos. Aplicar la brocha de forma aleatoria, no en línea recta, para conseguir un efecto desigual; oscurecerá cuando la pintura se seque. Es preciso que la segunda capa sea más fuerte, por lo que hay que añadir menos agua en la mezcla. Remover bien la pintura; debe tener una consistencia cremosa. Aplicar la segunda capa de igual manera, introduciendo la brocha en las grietas o las zonas rugosas. Dos horas más tarde aparecerá el «esplendor» del acabado rugoso. El elemento sorpresa hace que la decoración con esta pintura resulte atractiva, especialmente porque la textura final es muy suave y efectiva a la hora de cubrir, sin ocultar, las irregularidades de la superficie. Utilizamos esta superficie como base para la cenefa pintada con estarcido de la página siguiente.

Cenefa pintada con estarcido

Al estarcir, los dibujos se extienden por la casa como una planta trepadora y aparecen en las entradas, las escaleras y los suelos. Es una deliciosa actividad que crea hábito ¡y resulta extremadamente difícil ser detallista cuando se trata de pintar con estarcido!

El diseño utilizado para esta cenefa procede de una casa de la isla de Rodas, construida y decorada en el siglo XVIII. El estarcido fue un sistema muy popular para la decoración de interiores que se utilizaba tanto para la creación de pilares y frisos, como de dibujos repetitivos, y una sola pared presentaba hasta siete diseños distintos.

El diseño de una cenefa como ésta se adapta perfectamente para encima de un rodapié, pero no hay razón por la cual no pueda utilizarse en una moldura próxima al techo para colgar cuadros o a la altura de un zócalo, o incluso como marco alrededor de una ventana. O tal vez no contemos con un rodapié, pero puede servir para dividir una pared. En tal caso, se trata sencillamente de marcar la división con pintura o barniz. Hay que utilizar una plomada y una regla larga para dividir la pared, trazando una raya con un lápiz. La pared que queda debajo de la raya puede pintarse en un tono más oscuro, o si se utiliza un color de la «Paleta mediterránea», una capa de barniz satinado transparente oscurecerá el color confiriéndole brillo. La cenefa estarcida integrará visualmente las dos secciones de la pared y suavizará los bordes entre ellas. Si se varía la profundidad del color del estarcido, parecerá descolorido por el tiempo de forma natural.

MATERIALES

papel de calco
cartulina de estarcido
adhesivo en aerosol
escalpelo o cuchilla
cinta adhesiva
pinturas de la «Paleta mediterránea»
en tonos «Asia» (opcional)
barniz en tono «Pino antiguo»
brocha
pintura para estarcido
pincel para estarcido

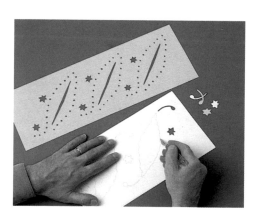

1

Trazar y ampliar el dibujo de la sección de la plantilla. Pegarlo en la cartulina de estarcido utilizando adhesivo en aerosol. Utilizar un escalpelo o una cuchilla para recortar la plantilla con cuidado. Corregir cualquier error con la cinta adhesiva y procurar que la hoja esté muy afilada para conseguir un máximo control al cortar. Retirar el papel de calco.

2

Si se desea, preparar el acabado de pintura granulada explicado en la página anterior, y después pintarla toda en tono «Asia». Pintar la parte inferior de la pared con una capa de barniz teñido de «Pino antiguo». Aplicar brochazos aleatorios para conseguir un acabado granulado.

3

Aplicar un poco de adhesivo en aerosol en el reverso de la plantilla de estarcido y dejarlo secar 5 minutos. Colocar la plantilla de estarcido en una esquina y aplicar el primer color. Utilizar poca pintura, escurriendo la brocha en papel de cocina absorbente antes de aplicarla a la pared.

Siempre se puede volver a una zona para oscurecerla posteriormente, pero el exceso de pintura en la brocha producirá manchas y chorreará por el reverso de la plantilla de estarcido. Levantarla y escurrir cualquier exceso de pintura en los bordes antes de colocarlo. Continuar a lo largo del rodapié hasta haber terminado con el primer color.

4

La pintura para estarcido seca rápidamente, por lo se puede pasar de inmediato al siguiente color, empezando en el mismo punto que en el primero. Hay que trabajar en torno a la cenefa, sin olvidar limpiar la plantilla de estarcido a medida que se avanza.

Friso a mano con pintura semi-brillante a la altura de un rodapié

Este proyecto combina la idea de dividir la pared con texturas y colores
y pintar a mano un friso. Para hacerlo será necesario planificarlo
y prepararlo a fin de conseguir un efecto agradable, pero el dibujo
final parecerá fácil y será único.

Una capa de pintura brillante debajo del rodapié ofrecerá una superficie práctica, resistente y limpia donde haga más falta, y el brillo confiere al color una maravillosa luminosidad. El color más claro sobre el rodapié tiene una textura mate y el tono recuerda a la nata de la leche. Si la pared no tiene rodapié, el proyecto puede realizarse igualmente.

El secreto de pintar curvas a mano en una superficie vertical es utilizar un tiento, que es un trozo de madera de unos 45 cm de longitud, en cuyo extremo se coloca un pedazo de algodón, se cubre con un poco de tela de algodón o percal y se ata con una goma. Se utiliza presionando la punta contra la pared con la mano libre, manteniendo la varilla alejada de la pared. La mano de la brocha descansa suavemente sobre la varilla para evitar temblores y sacudidas. Debemos practicar las curvas con el tiento antes de empezar el friso, sin olvidar que el encanto de la pintura a mano es la variación, así pues, ¡relájate y disfruta!

MATERIALES

Pintura en tonos
emulsión 51 (Amarillo Sudbury),
brillo total 14 (Azul Berrington) y
pintura al óleo 43 (Rojo Eating Room) de aspecto
agrietado
bandeja y rodillo para pintura
rodillo para pintura brillante
brocha de 2,5 cm
cinta adhesiva, si es necesario
cordel con una tiza o regla

tiza
plantilla de estarcido con diseño
cartulina de peso medio
escalpelo o cuchilla
pincel de punta cuadrada de 1 cm
pintura guache en rojo y ceno
varilla de 45 cm de longitud (del grosor de un
lápiz)
trozo de guata
trozo de tela de algodón
goma elástica
pincel de punta redonda número 6

1

Aplicar la emulsión amarilla en la pared
preparada con el rodillo para pintura, desde el
techo hasta el rodapié. Pintar con color azul
brillante entre el zócalo y el rodapié, utilizando el
rodillo para pintura brillante. Con la pintura roja
de aspecto agrietado y el pincel de 2,5 cm, pintar
el zócalo y el rodapié, si lo hay. Utilizar la cinta
adhesiva si es necesario para trazar una línea
recta. Utilizar un cordel con tiza o una regla para
trazar las directrices, marcando el friso.

2

Utilizar el diseño de estarcido elegido, marcar
suavemente la posición del friso delineando el
dibujo del estarcido.

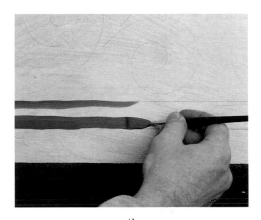

3

Pintar las líneas gruesa y fina utilizando el pincel
de punta cuadrada, plano y de canto, y las
pinturas guache. Para añadir variedad a la línea,
mezclar los dos tonos del mismo color y
emplearlos aleatoriamente.

4

Preparar el tiento como se describe en la página
anterior.

5

Pintar las curvas utilizando el pincel de punta
redonda y la pintura guache, apoyando la mano
en el tiento. Los movimientos han de ser lo más
fluidos posibles.

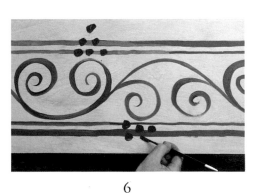

6

Añadir los racimos de uvas, por encima y por
debajo de las curvas, con el pincel de punta
redonda. Superponerlos en las líneas dobles en
algunos lugares: no hay que olvidar que lo que se
pretende es que parezca un dibujo pintado a
mano, por lo que no debe ser regular.

Pintura con trozos de espuma

*El dibujo con trozos de espuma cortados debe ser la forma más sencilla posible de conseguir
el efecto de un papel pintado a mano estampado, y presenta unos dibujos irregulares imposibles
de reproducir en papeles fabricados a máquina. Otra característica especial de este proyecto es la pintura
que hemos utilizado, una combinación de pasta para papel pintado, cola y color guache que no sólo
resulta económica, sino que parece de gran calidad. La combinación de la esponja y la pintura es buena,
porque la esponja pone de relieve la textura que resulta de utilizar una pintura ligeramente pegajosa.*

La mejor espuma para este trabajo es la que tiene gran densidad pero sigue siendo blanda, como la que emplean los tapiceros, con un espesor de 2,5 cm como mínimo. Es preciso sujetar firmemente la espuma para que la superficie que se va a pintar no se estropee. Pintar parte del color de fondo en recortes y utilizarlos después para ensayar el dibujo que se hará con la esponja; probar con distintas densidades y combinaciones de color, tomando nota de las proporciones del color y la pasta que se van a poner en cada uno. Esto significa que habrá que mezclar grandes cantidades del mismo color al pintar en la pared (aunque la pintura cunda mucho). El fondo aquí utilizado está pintado con el barniz de color aplicado con brocha descrito en la página 16.

MATERIALES

*papel de calco, si es necesario
recortes de espuma de tapicero
rotulador
escalpelo o cuchilla
plomada
papel en cuadrados de 15 x 15 cm, o
según el tamaño elegido
pasta para papel pintado
cola
pintura guache o pintura al agua
premezclada, en color verde azulado,
verde oscuro y blanco sucio (opcional)
cuenco
barniz mate transparente (opcional)*

1
Dibujar el diseño a partir de la plantilla y cortar la forma del dibujo de manera que quede una plantilla de estarcido. Pasar el diseño a la espuma y delinearlo con un rotulador.

2
Cortar las formas del dibujo utilizando una cuchilla o un escalpelo afilado. Primero cortar alrededor del dibujo, después ligeramente sobre la espuma y por último cortar a fondo.

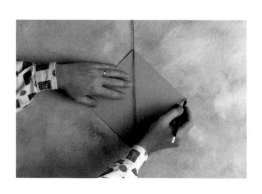

3
Colocar la plomada en un rincón en la unión del techo y la pared. Poner la hoja cuadrada en diagonal y hacer que la plomada pase por el centro, alineando las esquinas superior e inferior con la línea. Marcar unos puntos sobre cada esquina en la pared con el lápiz. Bajar el cuadrado por la línea, marcando puntos en las esquinas cada vez. Llevar la línea hacia los lados. Continuar hasta que toda la pared esté marcada con puntos.

4

Mezclar la pasta para papel pintado con agua siguiendo las instrucciones del fabricante. Añadir cola, en la proporción de 3 partes de pasta por 1 parte de cola. Añadir una pizca de pintura guache color verde azulado y verde oscuro, o pintura al agua premezclada, y remover los ingredientes hasta que estén bien mezclados. Probar la mezcla en un recorte de papel, añadiendo más color si es necesario.

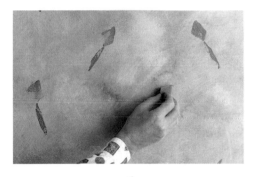

5

Poner un poco de pintura en un cuenco e introducir la primera esponja. Escurrir el exceso de pintura y después pintar con la esponja mediante un suave movimiento circular. Repetir utilizando los puntos marcados a lápiz a modo de guía.

6

Utilizar la segunda esponja para completar el diseño de las ramitas con forma de hojas, variando ligeramente la posición para dar vida al dibujo.

7

Utilizar la esponja en forma de punto y el color blanco sucio para completar el dibujo con bayas, añadiendo el color a la mezcla de cola como antes. Retocar las hojas o los tallos en algunas ramitas y dejar otras. Si las paredes van a estar expuestas a humos o salpicaduras, o si incluso cabe la posibilidad de que se ensucien con las manos, lo mejor es proteger el acabado con una capa de barniz mate transparente.

Tablas «entarimadas»

La impresión que ofrece un suelo entarimado con tablas lijadas es mucho más agradable que la de las tinturas o los barnices teñidos, que recuerda a las mesas de cocina de pino envejecido, las cucharas de madera descolorida, o las maderas de un naufragio decoloradas por el sol y el agua. Si tenemos la suerte de contar con un suelo que pueda lijarse, podemos probar esta sencilla alternativa al acuchillado convencional que tanto tiempo lleva. El suelo puede ser de color blanco sucio tradicional, o bien puede teñirse con cualquier tono pastel.

Al rascar el grano con un cepillo de alambre se forman los canales para la pintura, al igual que se elimina cualquier residuo de barniz o esmalte. Si lo que se desea es que el grano de la madera se vea todo lo posible, pasar un paño húmedo por la superficie antes de que se seque; entonces el color se concentrará en el grano rascado de las tablas. Cuando el suelo esté seco, una capa de barniz acrílico para suelos asentará el color.

MATERIALES

brochón de alambre
pintura de emulsión blanca
pintura acrílica ocre oscuro
brocha grande
paño húmedo
barniz mate transparente

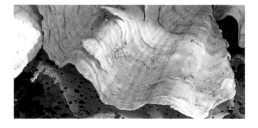

1

Utilizar un cepillo de alambre para rascar la madera siguiendo la dirección del grano en todo momento. Cepillar y retirar los restos del suelo con mucho cuidado.

2

Preparar la mezcla utilizando 3 partes de agua por 1 parte de emulsión. Teñir el color con pintura acrílica color ocre oscuro o, si se prefiere, color pastel: el rosa, azul, verde o amarillo darán buenos resultados en las medidas correctas y se verá muy poco del color real. Probar en tablas inservibles.

3

Aplicar la mezcla con la brocha, empezando por una esquina en el zócalo y siguiendo la dirección del grano hasta el otro extremo.

4

Utilizar un paño húmedo para retirar cualquier exceso de pintura y hacer resaltar el grano. Un paño mojado eliminará la pintura, por lo que es preciso mantenerlo sólo húmedo. Cuando el suelo esté completamente seco, aplicar varias capas de barniz para proteger y sellar la superficie, dejando transcurrir mucho tiempo entre cada capa.

Suelo de aglomerado con tapiz falso

Es triste que no todas las casas se hayan visto bendecidas con bellos suelos de madera para poder lijarlos y encerarlos hasta conseguir un fulgor dorado. La mayor parte de las casas antiguas tienen una mezcla de tablas nuevas y antiguas que no son lo suficientemente buenas como para poder hacerlo.

El aglomerado puede ser una solución sorprendentemente atractiva si nos enfrentamos a un presupuesto reducido y a una selección de tablas desiguales. El aspecto utilitario del aglomerado significa que se utilizan con mayor frecuencia que una superficie de nivelación bajo el vinilo; sin embargo, si se emplea sola y se decora con dibujos a mano, puede resultar con mucho estilo.

Para contrarrestar la potencial monotonía de una extensa zona de aglomerado, en este proyecto vemos cómo pintar un tapiz de suelo falso en el centro de la habitación, de manera que la tabla lisa se convierte en la cenefa del tapiz. El aglomerado ofrece una superficie fantásticamente uniforme para pintar y el tapiz será un punto focal como motivo de conversación.

MATERIALES

periódico
aglomerado para ajustar la zona del suelo
martillo pequeño
clavos
cuchillo
regla
cinta para medir
pintura de emulsión en tonos «Azul cárdeno»,
«Azul grisáceo» y «Crema claro»
pincel de punta cuadrada de 2,5 cm
pintura acrílica azul oscuro y negro
brochas
cinta adhesiva
plantilla de estarcido
escalpelo o cuchilla Stanley
pincel para estarcido de 2 cm
barniz mate transparente

1

Extender hojas de periódico por el suelo para conseguir una superficie uniforme. Colocar la primera plancha de aglomerado en el rincón más cercano a la puerta. Clavar clavos con una separación de 7,5 cm entre ellos y de 1,5 cm desde el borde y unir la plancha al suelo ya existente.

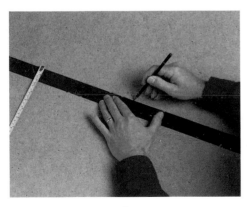

2

Tender la siguiente plancha de aglomerado junto a la primera, empalmándola con ésta y contra el zócalo. Continuar tendiendo todas las planchas por la habitación hasta llegar al punto en que haya que recortar el aglomerado para que encaje. Medir el espacio, al menos dos veces, si no es demasiado grande o de forma irregular; si es de forma irregular, colocar de nuevo las hojas de periódico para asegurar que encaje bien. Cortar el aglomerado utilizando una cuchilla Stanley y una regla por la parte brillante, y cortar a lo largo.

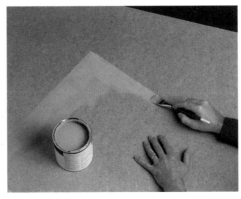

3

Si decidimos colocar el tapiz en el centro de la habitación, utilizar una cinta métrica para hallar la línea central, y después medir. El tapiz puede ser tan grande o tan pequeño como se desee; éste tiene 150 x 75 cm, lo que se puede multiplicar o dividir para adaptarse al tamaño deseado. Marcar el perfil del tapiz en el suelo. Perfilar la zona con el pincel de punta cuadrada y después rellenarlo con el color azul cárdeno. Esperar 2 horas para que se seque.

4

Teñir el azul con un tono más oscuro añadiendo unas gotas de pintura acrílica negra, y después pintar sobre la zona con una brocha de secado para conferir al tapiz la textura de un tejido.

continúa...

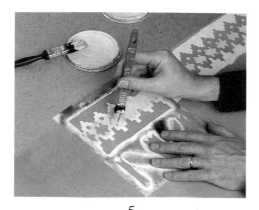

5

Trazar y cortar el diseño del estarcido con la sección de la plantilla. Tapar los dibujos externos con cinta. Colocar la plantilla a 2 cm del borde y estarcir el diseño central con emulsión azul grisácea. Retirar la cinta y limpiar la plantilla del estarcido.

6

Ahora tapar el dibujo central y estarcir el dibujo de los laterales con emulsión de color crema claro.

7

Colocar la plantilla de estarcido en forma de medallón en los bordes de la cenefa y pintar todo el dibujo, excepto las líneas más exteriores, con pintura acrílica azul oscuro. Se pueden tapar estas líneas con cinta como se ha hecho anteriormente.

8

Tapar el medallón central y estarcir las líneas externas de color crema.

9

Suavizar el azul oscuro de los medallones centrales con ligeros toques de emulsión azul grisácea.

10

Aplicar por lo menos dos capas de barniz transparente en toda la zona.

Suelo a cuadros con baldosas de corcho

El corcho es un maravilloso material natural que ofrece una cobertura para el suelo cálida, silenciosa
y relativamente barata. En el pasado este tipo de suelo se limitaba a la cocina y al baño, pero no
debe pasarse por alto al pensar en las restantes zonas de la casa.

Es importante extender las baldosas de corcho sobre una superficie uniforme, por lo que primeramente hay que fijar con tachuelas una capa de aglomerado en las tablas del suelo. Utilizar sólo baldosas de corcho al ras del suelo. Las baldosas sin sellar aquí empleadas absorbían bien el barniz coloreado; la protección se consiguió con dos capas de poliuretano transparente con un acabado satinado. Tal vez se prefiera una marca específica de compuesto obturador para baldosas de corcho

MATERIALES

baldosas de corcho para el suelo
tinturas para madera en tonos «Roble oscuro» y
«Pino antiguo»
una brocha grande
adhesivo para baldosas de corcho, si es necesario
barniz satinado transparente

1

Pintar la mitad de las baldosas con la tintura para madera de color «Roble oscuro» y el resto con la de color «Pino antiguo», y dejarlas secar durante toda la noche. Medir el suelo para saber el número de baldosas «Roble oscuro» necesarias y cortar la mitad en diagonal. Empezar a colocar baldosas en el rincón que más se vea; después, si hay que recortar una baldosa en el otro extremo, no se verá tanto. Si se utilizan baldosas autoadhesivas, simplemente retirar la cubierta de la parte posterior.

2

A continuación colocar las baldosas de contraste y unir la primera fila, eliminando el exceso de adhesivo que haya quedado entre ellas si se está utilizando adhesivo. Una vez tendidas las dos filas, medir la longitud de la pared más próxima y cortar las baldosas por la mitad de manera que se ajusten también a la longitud del zócalo. Pegarlas.

3

Ahora, empezar a llenar el espacio del suelo en sentido diagonal. Recortar las baldosas en el borde opuesto de modo que ajusten perfectamente contra el zócalo. Aplicar dos capas de barniz transparente para sellar el suelo. Es importante asegurarse de que la primera capa esté completamente seca antes de aplicar la siguiente, por lo que hay que tener paciencia y dejarla secar durante toda la noche.

Cenefa con hojas de roble y bellotas

Una cenefa pintada puede compensar la austeridad de los suelos de madera lisos, mientras que el dibujo enlaza distintas zonas sin dominar la habitación. La escala del dibujo con hojas de roble puede ajustarse al tamaño de la habitación, pero debemos procurar «pensar a lo grande» y ampliar el diseño al menos a cuatro veces su tamaño natural pues, de lo contrario, se perderá el impacto.

Las hojas de roble y las bellotas se han utilizado durante siglos para decorar las casas y ocupan un lugar especial en la decoración rústica. William Morris, el famoso diseñador del movimiento de Artes y Oficios, utilizaba muchos árboles y plantas del campo en sus dibujos, y diseñó un maravilloso papel pintado llamado «Bellotas». Dejemos que el viejo dicho inglés «De pequeñas bellotas nacen grandes encinas» sea nuestra inspiración y utilicemos esta cenefa pintada en el suelo como base para un cálido cuarto de estar de estilo rústico.

Pintar el fondo de color oscuro y utilizar pintura con acabado mate, ya que ésta «mantendrá» los dibujos acotados mejor que una pintura pulida o esmaltada. Empezar por las esquinas y trabajar hacia el centro, utilizando las plantillas como guía de medición para solucionar el espacio. Una vez planificada la colocación del diseño, trabajar en una zona de 60 cm cada vez, empleando todo el brazo para hacer las curvas, no sólo la muñeca. De este modo la pintura fluirá de forma más natural.

MATERIALES

*cartulina de peso medio
adhesivo en aerosol
escalpelo o cuchilla
cinta adhesiva
regla
escuadra ajustable
pintura en tono «Negro ligeramente teñido con otro color»
brocha
lápiz especial para cristal o loza, o tiza
plato blanco
pintura guache en amarillo, ceno, ocre oscuro, etc.
pincel blando
tabla o regla larga
pincel de revestimiento
barniz mate transparente*

1

Utilizar una fotocopiadora para ampliar el dibujo de hojas de roble y bellotas de la sección de la plantilla al menos a cuatro veces su tamaño natural (mayor si la habitación es grande). Pegar la ampliación en una cartulina de peso medio y recortar la forma con el escalpelo o la cuchilla, dejando una plantilla de cartulina. Utilizar cinta adhesiva, con una regla o una escuadra ajustable para perfilar el color oscuro del fondo. Aplicar el color con la brocha y dejar que se seque.

2

Empezando por el rincón, dibujar con la plantilla las hojas de roble con el lápiz especial para loza o cristal o bien con la tiza. Añadir los tallos o las bellotas para que el dibujo se ajuste a la esquina, y después continuar por la cenefa. Utilizar la plantilla como guía para confirmar que el diseño se ajuste.

3

Utilizando un plato blanco como paleta, poner distintos tonos de amarillo, ceno, ocre oscuro, etc. Mezclarlos mientras se pinta; esto añade variedad.

4
Rellenar las hojas de roble, utilizando sutiles
variaciones de color para añadir interés.

5
Añadir los toques y florituras finales, como
jaspeados de las hojas, tallos y bellotas.

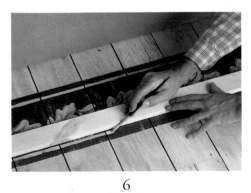

6
Utilizar un borde recto, como un trozo de
madera, y un pincel para pintar las líneas que
perfilan la cenefa a unos 2,5 cm del borde.
Aplicar 3-4 capas de barniz transparente, dejando
mucho tiempo para que se seque (toda la noche
si es posible) entre las capas.

Tapiz de suelo de lona pintada

Los primeros que utilizaron los tapices de suelo de lona fueron los colonos americanos que viajaron por mar desde Europa. Reciclaron las telas de las velas de lona, pintándolas a imitación de las alfombras orientales que habían adquirido popularidad entre los aristócratas y los mercaderes ricos en sus tierras. Se aplicaban muchas capas de aceite de linaza a la lona pintada para hacerla impermeable y duradera.

Los tapices de suelo de lona fueron sustituidos por el linóleo y, desgraciadamente, quedan pocos ejemplos antiguos; no tenían ningún valor intrínseco y se desechaban cuando estaban gastados. Sin embargo, recientemente han empezado a reaparecer. Con los modernos y resistentes barnices existentes en la actualidad, los tapices ofrecen una alternativa duradera y poco corriente a la omnipresente alfombra oriental.

El diseño de este tapiz de suelo está basado en el dibujo de una colcha del siglo XIX llamado «Cielo, Luna y Estrellas». La colcha original estaba hecha con colores primarios muy vivos, pero para un tapiz de suelo van bien los tonos más apagados.

MATERIALES

cuchilla o tijeras afiladas
lona dura (que se comprará en tiendas de objetos de arte)
lápiz
regla
adhesivo fuerte para telas
chincheta de dibujo y una cuerda de 1 m de longitud
cartulina
pinturas acrílicas en rojo, azul y verde
pincel de punta cuadrada y tamaño medio
pincel en punta de tamaño medio
barniz en tono «Pino antiguo»
brocha
papel de lija de grano medio

1

Cortar la tela al tamaño requerido dejando 4 cm de más en los bordes. Formar un dobladillo de 4 cm alrededor de la lona y superponer las esquinas. Aplicar adhesivo para tela en el dobladillo y doblarlo.

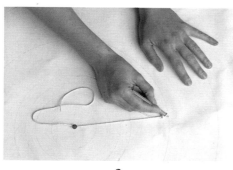

2

Tomando como referencia el diagrama de la plantilla, buscar el punto central de la lona y fijar la cuerda en la chincheta en este punto. Ahora podrán dibujarse los cinco círculos necesarios para el diseño, sujetando un lápiz a distintas distancias con la cuerda totalmente tensa. Mantener la tensión de la cuerda para trazar un círculo perfecto.

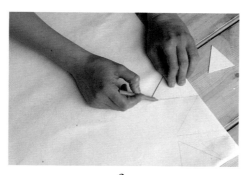

3

Cortar la cartulina en triángulos de distintos tamaños para formar los bordes en forma de sierra de los dos círculos y del borde externo. Desplazar el triángulo según se van marcando las líneas utilizando la cartulina como plantilla.

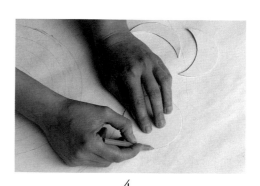

4

Cortar un círculo de cartulina para las lunas llenas y colocarlas en su sitio. Después recortar el círculo para formar las medias lunas, dibujándolas en su sitio. Hacer lo mismo con las estrellas.

5

Ahora empezar a dibujar en rojo. Utilizar el pincel de punta plana para las zonas mayores y el de punta fina para los contornos.

6

Pintar los círculos de color verde y azul pálido.

7

Aplicar 3-4 capas de barniz «Pino antiguo» con una brocha limpia, frotando cada capa seca con papel de lija antes de aplicar la siguiente. Lo mejor es dejarlo secar durante toda la noche.

Muebles y Accesorios

Los muebles pintados a mano forman parte del estilo rústico pero, salvo si se tiene la suerte de heredar maravillosas piezas antiguas, suelen ser un sueño inalcanzable. Sin embargo, todavía se pueden adquirir gangas en las tiendas de objetos diversos y en los rastros, y éstas transformarse sin que resulte muy caro. Se puede restaurar una mesa con una cenefa de color, forrar una silla para una cocina rústica francesa, o crear las propias estanterías o un aparador para la cocina.

Dibujos y motivos del estilo rústico

Los motivos del estilo rústico tienen tres fuentes de origen: la naturaleza, la tradición local y la religión. La naturaleza y sus elementos son los de mayor influencia y aparecen en la decoración de las casas rurales del mundo entero. Las flores y el ramaje varían según el clima, lo cual se refleja en los dibujos y motivos, aunque algunas plantas, como por ejemplo la vid, se han utilizado para decorar desde los tiempos clásicos y se encuentran en el arte de muchas culturas. Muchos motivos de frutas, plantas y ramaje tienen también significados simbólicos, y se incorporaron a los hogares por su valor protector contra el diablo, o bien para atraer la buena suerte. La rosa se emplea como símbolo del amor, tanto divino como humano, y el tulipán representa la prosperidad. La hoja del roble y la bellota están relacionadas con grandes posibilidades y futuro, mientras que la hiedra simboliza la tenacidad. El girasol irradia calor y garantiza la aportación de pensamientos cálidos en los días de invierno.

Los animales, las aves y los peces también están representados. Las criaturas salvajes, los animales de granja, los fieles animales domésticos y los amigos con plumas encuentran un sitio en los trabajos y dibujos rústicos. El gallo se utiliza desde los primeros tiempos del cristianismo como símbolo de fe, pero es más probable verlo representado en la decoración rústica exhibiendo su gran forma decorativa, relacionado con la tiranía de tener que estar

ARRIBA: *El tulipán es un motivo popular y simboliza la prosperidad.*

de pie a primera hora de la mañana. Los gatos y los perros suelen estar representados en bordados o pinturas, al igual que los caballos y otros amigos de las granjas. Las colchas de cuadros de colores representan numerosos diseños de animales y frutas que han sido estilizados con un gran efecto y esto, a su vez, ha creado el estilo del estarcido, cuyos orígenes son los dibujos de los fabricantes de colchas más que la inspiración original.

Las influencias religiosas son especialmente notables en los países católicos romanos, donde se hace más hincapié en la celebración visual de la fe. Capillas, altares, decoraciones festivas y ofrendas votivas forman parte de la decoración de las casas rurales en países como México, España, Italia y Francia.

Los motivos de la cosecha, como las gavillas de trigo o la cornucopia, son populares en la mayoría de las culturas. Las frutas se incorporaron en las telas estampadas, y las hortalizas son uno de los temas favoritos en las pinturas «teorema», un estilo de pintura en estarcido utilizado en el arte popular americano.

Uno de los motivos rústicos más comunes es el corazón: ya sea en estaño perforado, grabado en tablas o estarcido en las paredes, el corazón está en todas partes. Simboliza el amor y es un motivo sencillo y adaptable. La forma apenas cambia, pero puede utilizarse de muchas y distintas maneras sin que su efecto se vea reducido. El corazón se ha utilizado durante muchos años en muchas culturas y, al parecer, todavía hay un número infinito de nuevos modos de emplearlo.

Las formas geométricas se han extraído de las colchas de cuadros de colores, y los soles, lunas y estrellas siempre serán motivos populares. Son universales.

La belleza de la decoración del estilo rústico es la tranquilidad con que pueden mezclarse los motivos, estilos y dibujos. El único efecto decorativo que debe evitarse son las versiones adulteradas fabricadas en serie de los diseños del estilo rústico, porque perderán su corazón y su alma en el proceso de fabricación.

IZQUIERDA: *El detalle de una superficie decorativa es característico del estilo rústico, como en esta caja pintada a mano.*

DERECHA: *El corazón, motivo perenne y favorito, se repite en este dibujo de una labor a cuadros.*

EN EL SENTIDO DE LAS AGUJAS DEL RELOJ DESDE ARRIBA A LA IZQUIERDA: *Los detalles estarcidos confieren a esta silla un aspecto rústico puro. Los dibujos geométricos constituyen siempre posibilidades populares para los tejidos. El diseño orgánico de esta caja pintada a mano está inspirado en la naturaleza. Un corazón de estaño decorado con dibujos geométricos perforados.*

Mesa pintada

Gracias a Dios, todavía es posible encontrar mesas a precio de saldo en las tiendas de los rastros, cuyo precio será menor que la décima parte de una nueva. Es el tipo de mesa que podemos imaginar en el salón de una cabaña rústica, cubierta con un mantel con el borde de encaje y el servicio de té preparado. Esto no significa que vayamos a encontrar una similar, pero cualquier mesa vieja podría decorarse de igual manera.

Antes de decorarla, habrá que eliminar la pintura o el barniz antiguos y tratarla con un producto anti-carcoma. Todos los agujeros grandes pueden rellenarse de tapaporos, y después lijarse y teñirse. El truco está en resaltar las características positivas y ocultar las negativas. Las mesas viejas parecen más interesantes que las nuevas y vale la pena lijarlas, blanquearlas y teñirlas. La tintura de las patas de la mesa contrasta bien con la pintura roja y verde utilizada en la parte superior. El revestimiento puede intentarse a mano, pero con cinta adhesiva el trabajo es mucho más fácil. Marcar ligeramente la posición con lápiz para que todas las líneas estén a la misma distancia del borde.

MATERIALES

mesa
tintura de madera en tono «Roble oscuro»
brocha
pintura de emulsión en rojo y verde
pincel de punta cuadrada de 1 cm
cinta adhesiva
laca tapaporos
cera de abeja
bayeta limpia

1

Preparar y tratar la mesa según proceda. Utilizar un trapo para frotar la tintura de madera en las patas de la mesa, añadiendo más a medida que lo absorba. El acabado debe tener un tono uniforme, casi negro.

2

Pintar la base de la parte superior de la mesa con emulsión roja.

3

Medir 5 cm desde el borde de la mesa y colocar una tira de cinta adhesiva a esta distancia del borde. Dejar 2 cm y después colocar las tiras siguientes de forma que queden paralelas con la primera.

4

Pintar de verde el espacio entre las dos tiras y dejarlo secar.

<u>5</u>

Aplicar dos capas de laca tapaporos a la mesa.

<u>6</u>

Acabar la mesa con una capa de cera de abeja,
sacando brillo con una bayeta limpia.

Arcón pintado

Antes del siglo XVIII, en todo el norte de Europa y Escandinavia, una novia rural se llevaba a su nuevo hogar su propio arcón decorado. El arcón de la dote podría haber sido fabricado por su padre, amorosamente grabado y pintado como regalo de despedida a su hija. Las costumbres matrimoniales daban cuenta de muchas habilidades manuales, y la familia se sentía muy orgullosa del precioso arcón de la novia. Esta costumbre continuó entre los primeros colonos de Norteamérica.

El arcón utilizado en este proyecto es una mezcla de influencias del Viejo y el Nuevo Mundo. La forma es inglesa, pero la decoración pintada está inspirada en un viejo arcón de dote americano. El dibujo empleado en el arcón es geométrico, pero el acabado de

la pintura se aplica muy vagamente para presentar un buen contraste entre los dos estilos. Puede utilizarse el dibujo para decorar cualquier arcón para mantas, ya sea antiguo o nuevo, y después conferir un acabado antiguo con barniz teñido.

Lo que más tiempo lleva es el trazado exacto del dibujo, pero merece la pena dedicar tiempo a conseguir las proporciones correctas. El veteado y el moteado deben hacerse con rapidez para que el efecto sea el de un caos controlado.

MATERIALES

arcón para mantas
laca tapaporos, si es necesario
pintura en tonos «Azul oscuro» y «Crema claro»
brochas
papel de calco
un compás
una regla
barniz acrílico en tono «Pino antiguo»
peine de veteado
paño húmedo limpio

1
Si se empieza con la madera desnuda, aplicar una capa de laca tapaporos para obturar la superficie.

2
Pintar el arcón de emulsión azul oscuro. Trazar y ampliar el dibujo de la plantilla y utilizarlo como guía para colocar los paneles. Dibujar los paneles con un compás y una regla.

3
Pintar los paneles con emulsión de color crema.

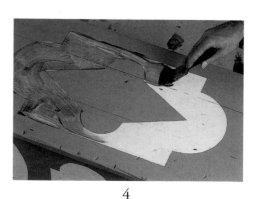

4
Aplicar una capa espesa de barniz sólo en un panel.

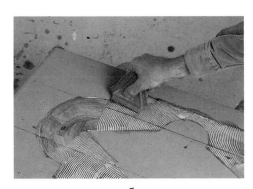

5

Peinar rápidamente el barniz de un dibujo, siguiendo la forma del panel. Hacer un movimiento uniforme en el barniz húmedo, y después secar el peine para que el barniz no se acumule. Terminar un panel antes de repetir los pasos 4 y 5 en el resto.

6

Aplicar una capa de barniz en todo el arcón. Inmediatamente coger un paño húmedo, arrugarlo formando una bola y utilizarlo para motear el barniz.

Banco pintado

En todas las casas debería haber un banco como éste, para sentar a los invitados adicionales alrededor
de la mesa o simplemente para tenerlo junto a la puerta de atrás para que la gente se siente
a cambiarse cómodamente las botas. Este banco fue fabricado por un carpintero partiendo de una
fotografía de un libro de muebles rústicos antiguos. La madera es de tablas recicladas,
lo que confiere el perfecto aspecto rústico al banco.

La decoración se aplica en un estilo tosco de arte popular añadiéndole un toque de humor. Se puede utilizar este estilo para decorar cualquier banco, e incluso un moderno diseño liso perderá sus líneas duras y adquirirá el carácter de un mueble rústico fabricado a mano.

MATERIALES

banco
papel de lija de grano medio
laca tapaporos
brochas
pintura de emulsión rojo oscuro,

azul grisáceo oscuro y azul verdoso claro
un trozo pequeño de esponja
barniz en tono «Pino antiguo»
barniz mate transparente

1
Lijar la madera sin tratar y aplicar una capa de laca tapaporos.

2
Pintar las patas con la emulsión azul-grisácea, trabajando directamente sobre la madera.

3
Pintar el asiento con la emulsión roja.

4
Utilizar la esponja para aplicar toques uniformes de color azul verdoso por toda la superficie del asiento.

5
Cuando la pintura esté seca, frotar el asiento y los bordes con papel de lija, para simular el desgaste conferido por el uso.

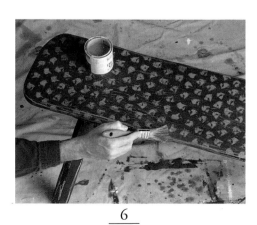

6
Aplicar una capa de barniz «Pino antiguo» en todo el banco. Después aplicar otras dos capas de barniz mate para conseguir un acabado resistente.

Perchero inspirado en los cuáqueros

Los cuáqueros fueron un movimiento religioso cuyos ideales inspiraron un estilo de muebles y accesorios de gran sencillez y belleza de formas. No creían en la ornamentación o la decoración por sí misma, pero sostenían que los objetos funcionales debían ser lo más bonito y lo mejor hechos posible. El nombre «Cuáquero» procede de los movimientos extáticos que se produjeron en su culto.

Los percheros eran muy característicos de los hogares de los cuáqueros, y se utilizaban para colgar todo tipo de utensilios, incluso sillas, y mantienen el suelo despejado. Nuestro perchero es una versión muy barata y simplificada de la idea de los cuáqueros, y lo que le falta de artesanía lo suple con su funcionalidad. Hemos utilizado una tabla de pino, con el mango de una escoba cortado para confeccionar las perchas. Estos percheros van muy bien en toda la casa, pero son de especial utilidad en los recibidores, las habitaciones de los niños y los cuartos de baño. El estilo de la capa de pintura no es estrictamente cuáquero, pero simulará los humildes orígenes del perchero.

MATERIALES

tabla de pino de 2,5 cm de espesor
regla
sierra
cepillo de carpintero
broca con punta para los agujeros
del mango de la escoba
1 o 2 mangos de escoba
papel de lija de grano medio
cola para madera

trozo de madera y martillo
laca tapaporos
brochas
pintura de emulsión en tono «Azul oscuro»
barniz en tono «Pino antiguo»
aguarrás sintético, si es necesario
nivel de burbuja de aire
tacos cilíndricos y tornillos largos

1
Medir y cortar la madera a la longitud deseada. Cepillarla para suavizarla y redondear los bordes.

2
Marcar las posiciones de las perchas a una distancia de 20 cm a lo largo del perchero. La separación puede cambiarse dependiendo de las necesidades.

3
Taladrar agujeros de 1,5 cm de profundidad en los que se van a introducir las perchas.

4
Cortar los mangos de escoba en longitudes de 13 cm. Lijar los bordes para redondearlos.

5

Aplicar cola para madera y encajar las perchas en los agujeros utilizando un trozo pequeño de madera y un martillo para ajustarlas.

6

Aplicar una capa de laca tapaporos para sellar la superficie de la madera.

7

Pintar el perchero de azul.

8

Utilizar papel de lija de grano medio para frotar los bordes de la madera.

9

Aplicar por toda la madera una capa de barniz color «Pino antiguo». Mojar un trapo en aguarrás sintético (para el barniz de poliuretano) o agua (para el barniz acrílico) y quitar parte del barniz frotando. Utilizar un nivel de burbuja de aire y una regla para marcar la posición del perchero en la pared. Taladrar unos agujeros en el perchero a intervalos de 40 cm. Taladrar la pared utilizando tacos y tornillos apropiados.

Silla rústica pintada y delineada

Siempre merece la pena comprar sillas individuales que resulten interesantes al verlas, pues suelen
ser muy baratas si hay que «renovarlas». Cuatro sillas desemparejadas pintadas
de igual manera formarán un conjunto encantador y convincente,
y su efecto es rústico puro.

Ésta es una silla con asiento de junco de estilo rústico típicamente francés, con líneas curvas que requieren un revestimiento. No se han pasado por alto los elementos básicos de la robustez y la comodidad, como que el asiento está generosamente entrelazado y es muy cómoda. (Siempre conviene sentarse en la silla antes de comprarla, porque ha podido ser fabricada a medida para una persona de otro tamaño.)

El color es un verdadero revitalizador y hemos elegido una combinación de amarillo y azul que recuerda la cocina del pintor Monet, para extraer el carácter real de la silla. Merece la pena dedicar un tiempo a preparar la madera, lo cual puede significar eliminar toda la pintura si hay varias capas de esmalte. Si se desea quitar la pintura de la silla en plan profesional, habrá que poner cola en las juntas porque el disolvente cáustico disuelve la cola y la pintura.

MATERIALES

silla estilo rústico
papel de lija de grano medio
imprimación
brochas
laca tapaporos y tapaporos para madera,
si es necesario
pintura satinada para madera en amarillo
estropajo de aluminio
lápiz de punta dura
tubo de pintura de color al óleo en
azul marino
aguarrás sintético
pincel de pelo largo y punta cuadrada
barniz en tono «Pino antiguo»

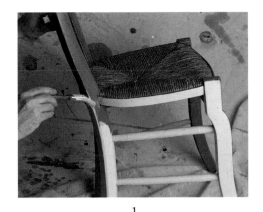

1

Si no se ha despintado la silla, frotarla bien con papel de lija de grano medio. Aplicar la imprimación, o si la silla ya no tiene pintura, aplicar una capa de laca tapaporos seguida de un tapaporos para madera. Pintar la silla de amarillo.

2

Cuando haya secado esta capa, utilizar el estropajo de aluminio para frotar la pintura por los bordes donde se produciría el desgaste natural. Con un lápiz dibujar las líneas, siguiendo las curvas de la silla.

3

Mezclar la pintura al óleo con aguarrás sintético utilizando 3 partes de pintura por 1 parte de aguarrás. Es preciso que la pintura fluya naturalmente del pincel, pudiendo mantener el control. Si la pintura está demasiado líquida, añadir más color. Practicar con el pincel en un trozo de papel o cartón, apoyando la mano que lleva el pincel en la que queda libre. Controlar las líneas es cuestión de seguridad, lo que se produce a medida que se pinta. Pintar la raya de las patas, el respaldo y el asiento.

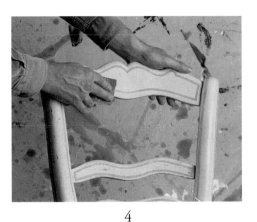

4

Una vez seca, frotar de nuevo con estropajo de aluminio como hicimos con el amarillo.

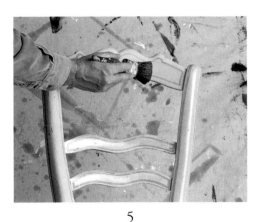

5

Finalmente aplicar una o dos capas de barniz para suavizar el color y proteger las rayas.

Armario despensa

Los armarios como éste se utilizaron principalmente en América como despensas para los alimentos recién cocinados. Las puertas estaban hechas de planchas decoradas con dibujos hendidos y perforados que permitían la salida de los deliciosos aromas, pero impedían la entrada de las moscas. Se llamaron «cajas de seguridad» porque llevaban cerraduras para que la tentación quedara fuera del alcance de las manos de los pequeños, atraídos por los deliciosos olores.

Utilizamos un armario de pino viejo ya existente para fabricar la despensa, sustituyendo los paneles frontales de madera por planchas de estaño recién perforadas. Una plancha de acero laminado puede adquirirse en proveedores de planchas de metal, o bien se puede probar en una ferretería, o buscar en las Páginas Amarillas. Hay que tener cuidado, pues los bordes de la lámina están muy afilados y es necesario plegarlos para formar una dobladillo de seguridad. Los bordes se pueden ondular o aplanar utilizando unos alicates.

El dibujo se hace con un martillo y un clavo o, para conseguir una perforación más lineal, se puede emplear un pequeño cincel. Este dibujo es nuestra propia interpretación de un diseño tradicional pero, una vez iniciado, surgirá el estilo propio de cada uno. Es posible hallar otras formas de hacer dibujos, tal vez utilizando la punta de un destornillador, por ejemplo; en realidad, cualquier cosa vale. Si el armario se va a colocar en la cocina, añadir una lámina de refuerzo detrás de la plancha para cubrir los bordes afilados. Para que desaparezca el brillo del metal nuevo perforado, frotar la superficie con vinagre.

MATERIALES

un armario viejo con una o dos puertas con paneles
papel de calco
papel de lija de grano medio
laca tapaporos, si procede
acero laminado del calibre 24 o 26
plancha(s) para ajustar (dejar 1 cm alrededor para doblarlo)
alicates y tijeras de hojalatero, si es necesario
cinta adhesiva

un compás o papel de calco
un lápiz especial para cristal o loza
martillo
selección de distintos clavos, destornilladores y cinceles
material de refuerzo, como aglomerado, si es necesario
clavos para paneles
barniz en tono «Pino antiguo»
brochas

1

Eliminar cualquier reborde y suavizar los paneles existentes de las puertas del armario. Medir el espacio y utilizar papel de calco para planificar el diseño. Frotar el armario con papel de lija. Si ya se ha quitado la pintura, aplicar una capa de laca tapaporos. Recortar la plancha de metal, si es necesario. Doblar el borde de la plancha formando un dobladillo de aproximadamente 1 cm de profundidad en torno al borde. Ondular firmemente con los alicates. Poner cinta adhesiva sobre los bordes para evitar cortes accidentales.

2

Pasar el diseño a la superficie de la plancha de hojalata utilizando el compás. Si esto resulta complicado, dibujar todo el diseño y utilizar papel de calco para pasarlo al metal. Añadir cualquier diseño adicional con el lápiz especial para cristal o loza.

MUEBLES Y ACCESORIOS

3

Practicar las perforaciones en un trozo de
hojalata inservible, como la tapa de una caja de
galletas, para saber con qué fuerza hay que
golpear el clavo para hacer un agujero, y también
cómo abollar la superficie sin perforarla. Colocar
un cartón, o una toalla o una manta viejas debajo
de la plancha para que absorba el ruido y proteja
la superficie de debajo. Una vez que se adquiera
seguridad con el martillo y el clavo, o la
herramienta que se utilice, hacer el dibujo.

4

Encajar los paneles perforados, y el refuerzo si se
utiliza, en la puerta, y cambiar el reborde o
fijarlo. Utilizar clavos cortos para paneles con
una separación de 4 cm alrededor de todo el
panel, para encajarlo en su sitio.

5

Lijar los bordes para simular el efecto del
desgaste. Aplicar una capa protectora de barniz
antiguo a la madera.

45

Estantería con ganchos para colgar

*Esta gran estantería con tabla trasera y ganchos iría bien en una cocina, un vestíbulo o un cuarto
de baño grande. En realidad, es sencilla de fabricar, y únicamente se necesitan las técnicas
y herramientas más básicas de carpintería. La estantería puede pintarse o barnizarse,
dependiendo de la madera, y es un mueble útil y bonito.*

La mejor madera es el pino reciclado,
normalmente tablas. En general, en las
construcciones o los lugares de demolición
tienen existencias de madera vieja, pero
habrá que pagar más por el pino viejo que
por el nuevo. Si se va a dejar la estantería sin
pintar, merece la pena el dinero adicional
por la madera vieja. Si se va a pintar la
estantería, puede utilizarse madera nueva
para la tabla trasera para reducir el precio.
La mejor característica de la estantería son
los soportes de gran tamaño, que fueron
copiadas del almacén de una antigua granja.
Se cortaron de la sección de una puerta de
pino viejo, utilizando una sierra de vaivén.
Los soportes mantendrán la estantería y
equilibrarán el peso, pero debe atornillarse
en una pared de ladrillo sólida empleando
tacos y tornillos largos de acero.
Este tipo de estantería es muy popular en las
comunidades rurales de la Europa Oriental.
Los ganchos pueden ser de bronce o de
hierro forjado, o podemos tener la suerte de
encontrar un juego antiguo. De cualquier
forma, probablemente quedarán ocultos y
suelen ser más atractivos que útiles.

MATERIALES

*papel de calco
tabla de pino de 34 cm x 18 cm x 3 cm de espesor
para los soportes
sierra de vaivén
taladros con brocas nº 5 y 6
plancha de pino de 100 cm x 15 cm x 2 cm de
espesor para la plancha trasera
plancha de pino de 130 cm x 22 cm x 2 cm de
espesor para la estantería
cola para madera
tornillos para madera
laca tapaporos
brocha
brocha de 2,5 cm
pintura de emulsión en tonos «Azul cárdeno»,
«Blanco crudo» y «Jade»
paño húmedo limpio
estropajo de aluminio
papel de lija de grano medio
6 ganchos
tacos, si son necesarios
3 tornillos largos*

1

Dibujar la forma del soporte partiendo de la
sección de la plantilla y ampliarla hasta que el
lado más largo mida 33,5 cm. Dibujarlo en la
madera, ajustándolo en un extremo y después en
el opuesto. Ambos pueden cortarse al mismo
tiempo utilizando una sierra de vaivén. Usar la
broca nº 5 para hacer dos agujeros a través de la
plancha trasera en los soportes, así como en la
parte de abajo de la estantería para los soportes.
Aplicar cola para madera en todos los bordes de
unión y después atornillarlos con tornillos para
madera.

2
Aplicar una capa de laca tapaporos a todo el
conjunto.

3
Utilizar la brocha de 2,5 cm para aplicar una
capa de emulsión azul cárdeno.

4
Cuando se seque, aplicar una capa de blanco crudo.

5
Inmediatamente después, utilizar un paño húmedo para eliminar la pintura en algunas zonas.

6
Pintar los bordes de la estantería y los soportes de color jade.

7
Retirar parte de la pintura seca frotando con estropajo de aluminio. Esto hará que aparezca el grano de la pintura por los bordes.

8
Finalmente, frotar con papel de lija de grano medio para suavizar el acabado y para que aparezca el grano. Atornillar los ganchos. Enganchar en la pared taladrando la tabla trasera para hacer agujeros para tornillos largos. Utilizar tacos, si es necesario.

Aparador pintado

Si hay algún mueble que tipifique el estilo rústico para casi todo el mundo, ése debe de ser seguramente el aparador. Un armario de base firme, con estantes llenos de utensilios de porcelana en la parte superior, tiene un estilo irresistible.

Este aparador fue fabricado por un carpintero local utilizando pino reciclado, pero un aparador puede hacerse fácilmente con un armario de cajones y un conjunto de estanterías. El truco está en asegurarse de que ambas partes estén visualmente equilibradas, y que la altura y la profundidad de los estantes se adapte a la anchura de la base. Es posible unir los dos discretamente utilizando fuertes abrazaderas de acero en la parte posterior y pintándolos, y parecerá que ambas partes son en realidad una sola.

El acabado de pintura descolorida se consigue sin utilizar imprimación y frotando la pintura seca en la madera con papel de lija y estropajo de aluminio. Como alternativa, se pueden frotar algunas zonas de la madera con cera de vela antes de empezar a pintar; la cera de vela resistirá la pintura dejando la madera desnuda.

MATERIALES

aparador, o combinación de estanterías
y armario de base
laca tapaporos
brochas
pintura de emulsión en tonos «Azul cárdeno»,

«Rojo teja» (opcional) y «Crema claro»
vela (opcional)
papel de lija de grano medio y estropajo
barniz en tono «Pino antiguo»

1
Aplicar una capa de laca tapaporos para sellar la madera.

2
Pintar el aparador de azul cárdeno siguiendo la dirección del grano. Dejar secar.

3
Si se desea, frotar con la cera de una vela los bordes del aparador antes de pintar de un segundo color.

4
La cera impedirá que el segundo color se adhiera por completo, y creará un efecto de deterioro. Añadir un segundo color, si se utiliza.

5

Pintar el reverso de las planchas de color crema claro siguiendo la dirección del grano.

6

Cuando la pintura esté seca, utilizar el papel de lija de grano medio y el estropajo de aluminio para frotar los bordes de la madera y simular el desgaste.

7

Finalmente aplicar una capa de barniz color «Pino antiguo» por todo el aparador para proteger la superficie.

Detalles y Accesorios

Un interior de estilo rústico se completa con pequeños detalles: palmatorias o candelabros murales con velas, estantes decorados con encajes, cintas o cuero perforado, latas pintadas para guardar en la despensa, y cestos, cacharros de cobre y flores secas colgadas de ganchos, formando una deliciosa exposición en la cocina. Estas ideas, y otras más, son de fácil realización y transformarán una casa.

Toques finales

Una vez transformada la casa con pintura, muebles y suelo de estilo rústico, ha llegado el momento de añadir los toques finales. La acumulación de «hallazgos» que añaden personalidad a un hogar lleva su tiempo y debe ser un proceso gradual; con frecuencia esto depende del hecho de estar en el lugar preciso en el momento preciso. Con cantidades ilimitadas de dinero sería posible adquirir tesoros de arte popular y contar con un interior diseñado con aspecto rústico, pero se perdería el placer de fabricar nuestros propios accesorios.

En esta sección hay proyectos que se adaptan a casi todos los talentos y habilidades, ya se trate de aguja e hilo, herramientas de carpintero o pinceles. Un simple mango de escoba puede utilizarse para exponer una colección de cestos colgando del techo y unos recortables transforman cualquier bandeja normal en algo que puede exhibirse en la pared como «figura artística».

Los estantes pueden adornarse con encaje, lazos, papel o incluso cuero perforado, para convertir un objeto funcional en un elemento decorativo. Bien merece la pena buscar un carpintero si no se tiene espacio o inclinación a fabricar los propios estantes,

ARRIBA: *Este candelabro de pared perforado en estaño crea un maravilloso telón de fondo para las velas.*

porque realmente vale la pena utilizar madera reciclada, como tablas de pino, por su textura y su color.

Las luces de las velas son esenciales para crear un ambiente acogedor, y si nos decidimos a hacer palmatorias de balaustres o los rústicos candelabros de pared, enriqueceremos la habitación con algo poco habitual y fabricado a mano. Utilicemos las ideas sugeridas como punto de partida, añadiendo nuestras propias combinaciones de colores y dibujos para dar a cada elemento un toque personal.

La tela bordada que oculta el riel de la cortina tiene un aspecto muy especial, y no se requiere ninguna técnica en particular para su confección. Se puede hacer un sencillo punto de cadeneta para perfilar las formas y puntadas de realce para los festones. La bordadora más experimentada podría crear diseños más detallados, llenando tanto el fondo como los objetos de la cocina con una variedad de colores y fantásticas labores.

De forma similar, una colcha a cuadros de colores no necesita más que los conocimientos básicos de la costura a máquina para unirlos. El diseño variará dependiendo de la selección de cada cual de las cálidas bandas y de la tela de fondo, y una costurera más experimentada se verá tentada a realizar un dibujo más complicado añadiendo piezas de distintas formas. Ya sea la elección una colcha básica, o ya sea una variación más complicada, probablemente nos sentiremos encantados con el resultado. Parece fantástica sobre una silla y es deliciosamente cálida y aislante en una fría noche en el campo.

Hay muchas habilidades rústicas que pueden estudiarse y dominarse, como la confección de cestas, la tejeduría o el tallado de patos para señuelo. Si hay tiempo de investigar y aprender sobre la forma de hacer las cosas tradicionalmente, es muy enriquecedor. Nuestros proyectos van más encaminados hacia la realización rápida para causar impacto, lo que es un buen punto de partida creativo. Cuando nos percatemos del placer que se obtiene tanto de la confección como de la exposición de las propias creaciones, probablemente seguiremos experimentando y disfrutando de la artesanía rústica.

IZQUIERDA Y DERECHA: *La belleza y el sentido práctico son los puntos clave de cualquier cocina rústica. Los utensilios se ven fácilmente, y los alimentos secos pueden guardarse en latas pintadas de colores.*

EN EL SENTIDO DE LAS AGUJAS DEL RELOJ DESDE ARRIBA A LA IZQUIERDA: *Una caja pintada para la sal, una muñeca de estilo cuáquero y un frutero barnizado añaden un toque rústico. Las velas completan la escena. Los utensilios de costura pueden mantenerse ordenados en una caja de madera. Estos molinetes forman un llamativo bodegón con una colección de platos en colores complementarios. Una linterna descolorida pone de relieve una exposición de velas de cera.*

Candelabro de pared

Estos elegantes accesorios de las habitaciones fueron en otro tiempo esenciales en todos los hogares;
sin embargo, cabe preguntarse qué harían nuestros antepasados para que abandonáramos
la comodidad de la electricidad por el «romance» de la luz de las velas. La verdad es que la tecnología
y la fabricación en serie parecen sacar a la humanidad de sus hogares, haciéndonos ansiar
la irregularidad de la luz de las velas, la costura a mano y los muebles de estilo rústico.

MATERIALES

trozo de madera vieja
sierra
martillo
tachuelas de tapicería negras y de bronce
cola para madera
clavos

1

Aserrar la madera, formando dos secciones que se
unirán en ángulo recto. Empezar el dibujo
clavando las tachuelas con el martillo en una
línea central, de la que partirá el dibujo.

2

Formar flechas, rombos y cruces utilizando el
contraste entre las tachuelas negras y las de
bronce para realzar el diseño.

3

Aplicar una capa de cola para madera en el borde
aserrado de la base. Clavar clavos finos por la
parte posterior en la base.

Bandeja con recortables

Una buena bandeja será lo suficientemente resistente como para llevar el servicio del té y lo suficientemente bonita como para colgarla a modo de elemento decorativo cuando no se utilice. Los recortes de esta bandeja consisten en una selección de viejas herramientas de tallado, pero puede seguirse el sistema utilizando cualquier diseño.

Los recortables nos transportan a la niñez; cortar y pegar es una de las actividades favoritas de los niños entre cinco y diez años. La versión para adultos es algo más sofisticada, pero no pierde la gracia. El secreto para confeccionar bien los recortables estriba en cortar bien y en aplicar suficientes capas de barniz. Los grandes entusiastas aplican 30 capas, frotando con papel de lija de grano fino entre las capas. La idea es hacer sobresalir el fondo al nivel de la decoración aplicada y después añadir más profundidad con más capas, posiblemente con barniz agrietado y barniz antiguo. El resultado final debe ser convincente para la vista y para el tacto.

MATERIALES

bandeja
pintura para madera color «Maíz»
brocha
papel de lija de grano fino
motivos fotocopiados para recortar
tijeras o escalpelo de punta afilada
brochas y pasta para papel pintado
bayeta
pincel nuevo para barnizar
barniz satinado transparente
barniz agrietado (opcional)
pintura al óleo color ocre oscuro

1

Preparar la bandeja pintándola con «Maíz» como color de base. Cuando esté seco, frotar la superficie con papel de lija de grano fino.

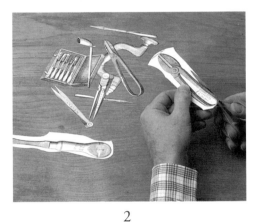

2

Cortar el papel de los recortables con cuidado, moviéndolo hacia las tijeras, o en torno a la superficie cortante, de manera que podamos utilizar las tijeras o el escalpelo de la forma más cómoda posible.

3

Dar la vuelta a los recortables y aplicar la pasta en el reverso, hacia los bordes, cubriendo toda la zona.

4

Pegarlos en su sitio en la bandeja.

...continúa

5

Utilizar una bayeta para eliminar cualquier
burbuja. Dejar secar toda la noche.

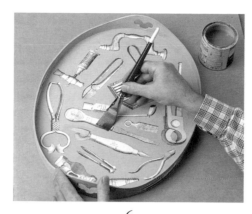

6

Empezar a barnizar utilizando un pincel nuevo y
limpio y aplicar una ligara capa en toda la
superficie de la bandeja. Cuando esté seca, frotar
suavemente con papel de lija de grano fino y
repetir la operación cuantas veces sea posible.

7

A estos recortables se les ha añadido otra
dimensión con la aplicación de barniz agrietado.
En el mercado existen varias marcas. Lo mejor es
seguir las instrucciones del producto que se
utilice. Aquí se está pintando barniz de base
sobre la bandeja.

8

Cuando esta capa esté seca (20 minutos después),
aplicar una capa uniforme de barniz agrietado y
dejar secar durante 20 minutos.

9

Aplicar un poco de pintura al óleo en las grietas
utilizando un paño de algodón. Aquí empleamos
ocre oscuro, que le da un aspecto envejecido,
pero sirve cualquier color.

10

Una vez coloreadas las grietas, frotar suavemente
el exceso de pintura de la superficie con una
bayeta.

11

Aplicar a la bandeja otras dos capas de barniz
satinado transparente por lo menos; y muchas
más si tenemos tiempo y paciencia.

Candelabros de madera

Esta pareja de candelabros de madera a juego han sido fabricados con balaustres viejos de la barandilla de una escalera. Ésta es una forma sencilla de fabricar algo de madera torneada sin tener que utilizar un torno. Los balaustres pueden comprarse a fabricantes de madera o en las tiendas de bricolaje.

El único equipo especial necesario es un tornillo de banco y una broca de cabeza plana, para hacer un agujero en la parte superior del balaustre lo suficientemente grande para que quepa una vela. Los candelabros se han pintado de colores terrosos brillantes, lo que embellecerá cualquier mesa rústica.

MATERIALES

sierra
2 balaustres de madera (reciclada o nueva)
2 trozos de madera cuadrados
papel de lija de grano fino o medio
cola para madera
tornillo de banco

taladradora eléctrica con una broca de cabeza plana
pintura acrílica de color amarillo brillante, rojo y ocre oscuro o ceno
brochas y pinceles
barniz acrílico mate transparente
bayeta

1

Cortar la mejor sección del balaustre y una base cuadrada; ésta mide 7,5 x 7,5 cm. Pasar el papel de lija por la parte inferior del balaustre.

2

Biselar muy suavemente la base con papel de lija de grano fino. Pegar las dos secciones con cola para madera.

3

Sujetar el candelabro en el tornillo de banco y taladrar un agujero para la vela de 2 cm de diámetro y 2 cm de profundidad.

4

Aplicar dos o tres capas de pintura acrílica de color amarillo brillante.

5

Aplicar una capa de pintura acrílica de color naranja (añadir un toque de rojo al amarillo).

6

Teñir el barniz hasta conseguir un marrón terroso, añadiendo una pizca de ocre oscuro o ceno. Pintar sobre el naranja.

_7_

Utilizar un paño arrugado para retirar parte del barniz y hacer resaltar el color que hay debajo.

PRECAUCIÓN

Al utilizar candelabros de madera, hay que prestar atención a las velas, pues pueden llegar a prender la madera.

Colcha de lana a cuadros de colores

Créase o no, la confección de esta sorprendente colcha no cuesta casi nada y fue terminada en una noche. Está formada por bandas de pura lana y retales de tela de lana. Las bandas proceden de tiendas de beneficencia, y pueden comprarse por pocas pesetas. Habrá mucho donde elegir, por lo que hay que escoger unos colores derivados de los retales. La colcha lleva un reborde de una vieja cortina de brocado, pero también servirá un trozo de franela, especialmente si se tiñe con un color oscuro.

La única habilidad que se necesita para este proyecto es poder coser en línea recta en una máquina de coser; y las bandas del tartán pueden ser una buena guía. Dejar un buen espacio en el suelo y colocar la tela y las bandas, moviéndolas hasta formar una combinación de colores adecuada. Cortar el primer cuadro central. Será necesaria una forma romboidal para hacer el dobladillo e hilvanar antes de coser hasta el centro del primer cuadro; después de esto, habrá que prender con alfileres cada trozo de banda y coserlo en su sitio.

La colcha puede adaptarse fácilmente para una cama, y debido a la calidad de la lana utilizada para las bandas, será muy calentita. ¡La cuestión es resistirse a envolverse uno mismo en ella, en lugar de colocarla en una silla!

MATERIALES

tijeras
aproximadamente 1 metro de tela de lana
selección de bandas de lana lisa y escocesa
alfileres, hilo y máquina de coser
cortina vieja o sábana de franela para el reborde

1

Cortar un cuadrado de 46 x 46 cm de la tela «de fondo». Elegir el dibujo para el rombo central y cortar un cuadrado, utilizando el ancho de la banda como medida para los lados. Doblar los bordes 1 cm e hilvanar. Prender con alfileres y coser el rombo en su sitio.

2

Elegir dos bandas y cortarlas en cuatro rectángulos. Colocarlos a los lados del cuadrado, con los dibujos casados uno frente a otro. Coserlos y recortar lo que sobre.

3

Cortar cuatro cuadrados lisos completos, prenderlos con alfileres y coserlos por las esquinas. Comprobar el lado correcto y que las esquinas casen bien. Cortar cuatro tiras de la tela de fondo para encajar a los lados.

4

Cortar cuatro piezas de esquina de la tela utilizada para el rombo central, de 14 cm x 14 cm. Coser un cuadrado a un extremo de cada tira de la tela de fondo.

5

Prender con alfileres y después coser estas tiras largas en su sitio por el borde de la labor.

6

Cortar una banda lisa en cuatro tiras y coserlas alrededor del borde exterior, superponiéndolas en las esquinas para completar el cuadrado.

7

Cortar el reborde y coser las dos piezas, con los lados derechos hacia dentro.

8

Volver hacia dentro y hacer la costura a mano. Presionar utilizando un paño húmedo y secar con la plancha.

Sujetacortinas trenzado

Los sujetacortinas son una forma atractiva de conseguir que entre un máximo de luz en la casa. Es sorprendente la gran diferencia que suponen unos cuantos centímetros para que entre luz en la habitación, por lo tanto, salvo que las ventanas sean enormes, merece la pena retirar las cortinas hacia la pared. Esta idea da una verdadera sensación de trabajo manual y puede hacerse combinando o contrastando con las cortinas existentes.

Este método de trenzar pedazos de tela ha sido copiado de los fabricantes de alfombras trenzadas, y si alguna vez hemos querido hacer una, éste puede ser el momento de la introducción. Si tenemos algún retal de la cortina, se puede incorporar a las trenzas. En caso contrario, un color liso que aparezca en el cortinaje armonizará en todo el conjunto.

MATERIALES

trozos de tela cortados en tiras de 7,5 cm de ancho
imperdible
aguja e hilo
tijeras
tira de tela de refuerzo (una para cada sujetacortinas)
2 anillas en forma de D para cada sujetacortinas

1
Enrollar las tiras de tela, dejando un espacio sin doblar.

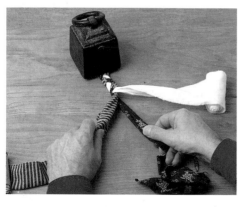

2
Unir tres tiras, enrollando una en torno a la otra y sujetándolas con un imperdible. Unir los extremos en una silla, o en cualquier objeto fijo, o bien colocar un peso encima. Empezar a trenzar, enrollando las tiras en forma de tubo a medida que se trenza, de manera que los bordes queden ocultos. Tensar las trenzas. El sujetacortinas tiene que tener al menos 50 cm de largo y una grosor de cuatro trenzas.

3
Continuar hasta conseguir la longitud y el número de trenzas deseados. Aplanar las trenzas y unir los bordes cosiéndolos con una aguja grande e hilo fuerte. Mantener las trenzas planas al ir al otro extremo.

4
Cortar la tira de refuerzo, dejando suficiente tela para darle la vuelta unos 1,5 cm por todo alrededor. Poner una anilla en cada extremo dándole una puntada para sujetarla.

Sujetacortinas acolchado

Éste es un proyecto de acolchado para un principiante. Todo lo que hace falta saber es coser en línea recta. El dibujo es un estarcido acolchado estándar (que se puede adquirir en las tiendas de artesanía), que se dibuja utilizando un lápiz de color. Se coloca una capa de guata entre dos tiras de tela, que se habrán hilvanado o prendido con alfileres.

El efecto que produce el acolchado es agradable y el dibujo queda resaltado. El acolchado se hace mejor en telas lisas, como el percal que hemos utilizado, pero los sujetacortinas podrían utilizarse con cortinas estampadas. Los dibujos en guinga o en tela a cuadros grandes quedan muy bien con el percal acolchado.

MATERIALES

1 m de percal blanco crudo
tijeras
50 cm de guata
dibujo en patrón de estarcido de edredón
lápiz de color
alfileres, aguja e hilo
2 anillas en forma de D para cada sujetacortinas

1

Cortar el percal en tiras de 50 cm x 14 cm. Cortar la guata en tiras de 48 cm x 10 cm. Utilizar el patrón de estarcido para dibujarlo en un trozo de percal. Poner una capa de guata entre dos capas de percal y prender con alfileres.

2

Coser con puntadas largas por los perfiles del dibujo. Puede ser más sencillo coger varias puntadas que meter y sacar la aguja cada vez.

3

Una vez terminado el dibujo, doblar los bordes y coserlos por todo alrededor, bien a mano o bien a máquina. Poner una anilla en forma de D en cada extremo.

Orla para estantería con el borde de cuero

No todas las estanterías merecen exhibirse, especialmente las que son nuevas y baratas, de inmediata
disposición en las tiendas de bricolaje. No hay porqué negar que son prácticas y funcionales,
y una sencilla orla recortada las transformará de inmediato en un componente especial y
encantador para una habitación individual.

MATERIALES

recortes de cuero (se venden al peso
en las tiendas de artesanía)
plantilla redonda de 7,5 cm de diámetro
lápiz, regla y tiza
tijeras picafestones
punzón de varios tamaños
cinta de doble cara o cola

1

Cortar tiras de cuero para el tamaño de la
estantería, utilizando varias secciones que cubran
toda la longitud si es necesario. La orla debe
tener 6 cm de profundidad. Trazar una línea de 1
cm desde el borde (por el reverso) y utilizar la
plantilla para dibujar semicírculos a lo largo de
toda la línea.

2

Cortar los círculos con las tijeras picafestones.
Hacer los agujeros alrededor de los bordes,
variando los tamaños.

3

Dibujar estrellas o semicírculos con tiza. Hacer
los agujeros alrededor de la estrella de igual
manera. Llevar una tira de la cinta de doble cara
de lado a lado de la estantería y pegar la orla;
como alternativa, también se puede utilizar cola.

Orla para estantería de encaje y guinga

El encaje no va bien en todas las habitaciones, pero puede añadir un toque muy francés a un aparador o al estante de una cocina. El contraste entre los cacharros de esmalte y el delicado encaje de algodón puede resultar delicioso; en las casas rústicas francesas, el encaje de ganchillo se fija en cualquier estantería.

Hay tantos diseños de encaje que la decisión tendrá que ser personal. Podemos decidirnos por una pieza antigua de ganchillo a mano o por un diseño más sencillo a máquina. La orla en zigzag aquí elegida queda muy bien con unos cacharros de porcelana.

La guinga tiene algo alegre y práctico. Se adapta perfectamente en el borde de las estanterías de una despensa, siempre y cuando el dibujo sea lo bastante resistente para soportar las distintas formas de los paquetes. La combinación con el encaje es bonita y agradable.

MATERIALES

tiras de encaje con la longitud de los estantes del armario, y un poco más para las vueltas
té frío
bol pequeño

tijeras
cinta de doble cara
cinta de guinga con la longitud de los lados de las estanterías
cola

1
Para atenuar el brillo de este encaje nuevo, se ha sumergido en un bol con té frío. Cuanto más fuerte sea la infusión, más oscuro quedará el color, por lo que hay que ajustarlo añadiendo agua para suavizar la mezcla, si es necesario. Apretar el encaje cuando esté seco y cortarlo al tamaño correcto.

2
Aplicar la cinta adhesiva de doble cara en los lados verticales de las estanterías y retirar la cubierta de la cinta. Cortar la cinta de guinga y poner un poco de cola en los extremos, que una vez seca impedirá que se deshilachen.

3
Pegar la cinta de guinga en los laterales, pasando el dedo por encima y manteniéndola recta. Empezar en un extremo y mantener la cinta tensa.

4
Aplicar cinta adhesiva de doble cara en los cantos de las estanterías, superponiéndola a la guinga.

5
Pegar un extremo del encaje con un poco de cola. Pegarlo a lo largo de la cinta adhesiva, cortar y pegar el borde. Repetir la operación en el resto de los estantes.

Panera para barras de pan

*La cocina y las horas de las comidas desempeñan un importante papel en la vida rural,
lo que implica cálidas cenas invernales cuando las noches se alargan, o comidas prolongadas
y lánguidas durante el verano. El pan crujiente forma parte de cualquier comida, y esta
panera con estilo imprimirá un toque de estilo rústico francés a la cocina.
Podría utilizarse el mismo diseño en un vestíbulo o junto a la puerta
trasera para un paragüero o un bastonero.*

La construcción que aparece en la plantilla podría realizarla un carpintero o hacerse en casa, si somos aficionados a la carpintería. Está hecha de tablas de pino recicladas, que son muy resistentes y le confieren estabilidad, así como la moldura utilizada para la base.

La decoración son hojas de helechos, muy popular en la era victoriana. Los helechos secos o de imitación (en las floristerías se venden de plástico o de seda) se rocían con adhesivo en aerosol y se colocan en la superficie, y después se rocían con pintura en aerosol. Seca muy de prisa, momento en el que pueden retirarse los helechos. El efecto es sorprendente y muy fácil de lograr.

MATERIALES

madera para la panera (véase dibujo)
papel de calco
sierra de vaivén o caladora
cola para madera y clavos de 2,5 cm
martillo
Para la decoración
laca tapaporos
pincel
periódico
cinta adhesiva
adhesivo en aerosol
selección de helechos artificiales
*pintura en aerosol negra, verde oscura
o azul oscura*
papel de lija de grano fino
barniz mate transparente

1

Aplicar dos capas de laca tapaporos para sellar y dar color a la madera.

PARA HACER LA PANERA

Cortar la madera según las medidas indicadas en el dibujo de la plantilla. Cortar los bordes en inglete. Delinear el dibujo para el detalle trasero y cortarlo con una sierra de vaivén o caladora. Aplicar cola para madera en todos los bordes de unión, juntarlos y clavarlos con clavos para fijarlos.

2

Trabajando en un lado cada vez, tapar la zona circundante con un periódico y cinta adhesiva. Aplicar aerosol de montaje a un lado de los helechos y colocarlos en la superficie.

3

Pulverizar con el color mediante toques ligeros y uniformes y dar el color gradualmente. Quitar los helechos cuando la pintura esté seca.

<u>4</u>

Hacer lo mismo en los demás lados y
en el panel interior.

<u>5</u>

Lijar los bordes para simular el desgaste.

<u>6</u>

Finalmente, aplicar dos capas de barniz para
proteger los helechos.

Conejo ficticio de madera

Un conejo de tamaño natural que se sostiene por sí mismo llamará la atención y será, sin lugar a dudas,
motivo de conversación. Los ficticios de madera surgieron para la señalización de tiendas
o cantinas; en los tiempos en que poca gente sabía leer, un signo pintado indicaba
la labor a la que se dedicaban en el interior, y se colocaban colgados en la puerta
de entrada o en un cartel de madera. Puede fabricarse un soporte para que
este conejo permanezca de pie o bien colgarlo en la pared.

Este proyecto lleva una mezcla de antiguo y nuevo, pues es un grabado original del siglo XIX ampliado en una fotocopiadora. Las líneas finas del original aumentaron con la ampliación, pero no lo suficiente como para perder el efecto de un grabado.

Este es un proyecto muy divertido y sencillo, y la única técnica necesaria es saber cortar con una sierra de vaivén. La experiencia personal nos ha demostrado que hay personas a quienes les encanta hacerlo; así pues, si no tenemos sierra, hemos de buscar a alguien que la tenga.

MATERIALES

pasta para papel pintado y brocha
hoja A2 de madera contrachapada (o similar (59,5 x 42 cm)
sierra de vaivén
papel de lija de grano fino
laca tapaporos
brochas
barniz en tono «Pino antiguo»
barniz mate transparente
trozo de madera para el soporte
cola

1

Fotocopiar el dibujo del conejo de la sección de la plantilla, ampliándolo hasta los bordes de una hoja A4. Cortar la ampliación por la mitad para ponerlo en dos hojas A5.

2

Ampliar ambos hasta el tamaño A3. Dependiendo de la máquina este proceso puede hacerse en un paso, o tal vez sean necesarias varias ampliaciones.

3

Aplicar una capa de pasta para papel pintado en la madera contrachapada. Esto sella la superficie y ofrece la clave para el papel con pasta.

4

Recortar los bordes «de unión» de las fotocopias de manera que encajen uno con otro sin superponerse. Aplicar una fina capa de pasta en los bordes para pegar las dos mitades en la plancha. Pasar una bayeta para eliminar las burbujas y dejarlo secar toda la noche.

5

Utilizar una sierra de vaivén para cortar la forma, dejando una base lisa. No es difícil manejar la sierra, pero será necesario practicar para cogerle el tranquillo. Llevará su tiempo.

6

Lijar los bordes del conejo.

7

Sellar la superficie con una capa de laca tapaporos, lo que le conferirá un brillo amarillento. Aplicar una capa de barniz «Pino antiguo», seguida de varias capas de barniz transparente.

8

Delinear el dibujo de la sección de la plantilla. Utilizarlo para cortar el soporte. Frotar los bordes con papel de lija de grano fino y pegarlo en su sitio.

Lata pintada

*La pintura de las latas llegó a su cenit en los primeros tiempos de la colonización americana,
cuando los mercaderes itinerantes aparecían entre un resplandor de colores en las puertas
de las granjas vendiendo sus utensilios domésticos en latas decoradas. Incluso entonces era
difícil resistirse, y en la mayor parte de las casa había una exposición de latas pintadas.
El estilo de la pintura se debe más al arte noruego de pintar muebles con
motivos florales que al elaborado estilo francés.*

Nuestro proyecto no requiere el aprendizaje
de los brochazos especializados utilizados en
la pintura de latas tradicional, aunque los
colores y el envejecimiento garantizarán su
adecuada combinación con otras latas. Estas
latas con números fueron empleadas por los
mercaderes de té a modo de contenedores
para distintas mezclas de dicho producto.

MATERIALES

tapaporos para metal
brochas
lata grande de metal (de hojalata o de aluminio)
con tapa
pintura de emulsión en negro, rojo ladrillo y
amarillo «Maíz»
selección de pinceles
papel de calco (opcional)
lápiz de punta blanda
cinta adhesiva
lápiz de punta dura
laca tapaporos
barniz transparente teñido con pintura acrílica ocre
oscuro
barniz satinado transparente

1

Aplicar tapaporos en la lata. Pintar la tapa con emulsión negra y la lata en rojo ladrillo, con bandas de color amarillo «Maíz».

2

Delinear o fotocopiar el dibujo de la sección de la plantilla y después sombrear el reverso con un lápiz de punta blanda.

3

Utilizar cinta adhesiva para mantener el dibujo en su sitio y después dibujarlo con un lápiz de punta dura, pasándolo a la lata.

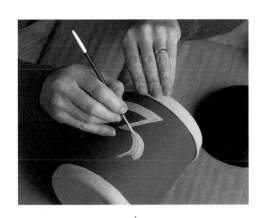

4

Pintar el «3» en color·amarillo «Maíz».

5

Pintar la sombra en negro.

6

Barnizar la lata con laca tapaporos para conferirle brillo.

7

Aplicar una capa de barniz teñido y después otra de barniz satinado transparente para proteger la superficie.

Barra de cortina para colgar objetos

Los aireadores para prendas de vestir victorianos se servían del calor en las épocas anteriores a las secadoras. Actualmente raras veces se emplean para su fin original; por el contrario, se adornan con ganchos para colgar utensilios de cobre, cestos y otras maravillas.

Sin embargo, no en todos los techos puede colocarse un aireador pesado, y algunos no tienen la altura suficiente como para colgar objetos de este tipo. Para crear un estilo rústico sin que haya crujidos de maderas ni chichones en la cabeza, vamos a probar esta atractiva barra de cortina pintada.

Las barras de cortina de madera aquí utilizadas pueden comprarse en una tienda de bricolaje.

MATERIALES

barra de cortina, más florones torneados (no abrazaderas)
2 pernos de anilla para la viga del techo
papel de lija de grano medio
pintura de emulsión en verde, rojo y crema
brochas

barniz transparente teñido con pintura acrílica ocre oscuro
2 cadenas de la misma longitud
ganchos para colgar tazas y ganchos de carnicería para colgar los objetos que se van a exponer

1

Utilizando la barra como guía para medir, colocarla en su sitio y atornillarla en el techo o en una viga con los dos pernos de anilla. Estos deben ser muy fuertes y han de fijarse firmemente. Lijar la barra y los florones, y después pintar los florones en verde.

2

Pintar la barra en rojo. Cuando esté seca, pintar rayas color crema a 6 cm de los extremos.

3

Lijar la pintura en algunos sitios para que parezca gastada. Encajar los florones en los extremos de la barra. Aplicar una capa de barniz teñido. Colocar las cadenas en los pernos de anilla. Atornillar dos ganchos para colgar tazas en la barra en la posición correcta para alinearlos con los pernos. Poner los ganchos de carnicería para colgar los utensilios, colgar la barra y añadir los objetos.

Tela bordada para ocultar el riel de la cortina

En Francia, con frecuencia, se colocan telas como ésta sobre las ventanas que no necesitan

cortinas, porque, de lo contrario, quedarían demasiado sosas

El bordado se hace simplemente con unas cuantas puntadas básicas y es muy adecuado para los principiantes. Las cortinas de guinga presentan un sencillo contraste sin restarle mérito al dibujo bordado, pero pueden ser de percal y bordarlas con los mismos diseños ¡si tenemos tiempo y hemos caído en el hechizo del bordado!

MATERIALES

papel de calco
papel de calco de costurera o lápiz de carbón
1 m de percal cortado en 2 tiras de 20 cm de profundidad
aguja e hilo para bordar en 4 colores
tijeras
alambre para cortina

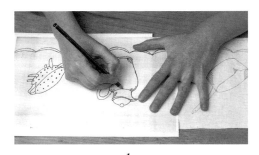

1

Ampliar los dibujos de la sección de la plantilla hasta aproximadamente 10 cm. Utilizar papel de calco o un lápiz de carbón para pasar los dibujos al percal.

2

Dependiendo de los conocimientos y del nivel de habilidad, bordar cada uno de los diseños. Puede utilizarse un simple punto de cadeneta, pero añadiendo punto de cruz, pespunte y puntos franceses, habrá mayor variedad.

3

Utilizar puntadas de realce para hacer el borde festoneado. Recortar con cuidado el borde. Hacer una costura en el borde superior y coserlo a lo largo del alambre de la cortina. Colocarlo en la ventana.

Cuadros de hojas

Las delicadas nervaduras de las hojas presentan formas tan exquisitas que merece la pena exhibirlas. Vamos a montarlas en papeles hechos a mano y a enmarcarlas para crear sencillos pero sorprendentes collages naturales.

MATERIALES

marco de madera
papel de lija
pintura
pincel
papel de soporte
lápiz
tijeras
hoja
purpurina dorada para el marco
cola
papel de montaje

1

Colocar el marco aparte y lijarlo antes de pintarlo. En este caso se ha utilizado una pintura transparente, pero sirve cualquier otra.

2

Dejar secar la pintura, después lijar de nuevo de manera que quede un marco de madera con sombras en las molduras, además de un velo de color en la superficie.

3

Utilizar el reverso del cartón del marco como plantilla para el papel de soporte. Marcar el borde con un lápiz para cortarlo.

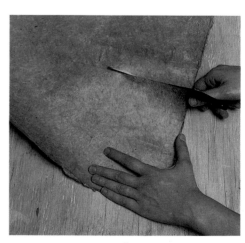

4

Cortar el papel.

<u>5</u>

Preparar la hoja frotándola con purpurina. Esto llevará algún tiempo pues la purpurina tiene que aplicarse bien.

<u>6</u>

Pegar el papel de soporte en el marco, pegar el papel de montaje en el centro y colocar la hoja en éste. Aquí hemos centrado la hoja de forma que el tallo llegue hasta el borde del papel de montaje. Finalmente, colocar el marco.

Colgante de estilo provenzal con hierbas

Poner unos manojos de hierbas frescas en una cuerda trenzada, añadir macetas pequeñas para dar estructura al diseño y después rellenarlo con ajo y chiles de color para formar un adorno de hierbas y especias repleto de sabor provenzal para aquellos que les guste la cocina

MATERIALES

madeja de cuerda de nilón
tijeras
cuerda de esparto
alambre de florista
salvia fresca
tomillo fresco
orégano fresco
dos tiestos pequeños
seis cables de conexión
dos cabezas de ajo
cola (opcional)
grandes chiles rojos secos

1

Cortar seis trozos de cuerda de nilón que midan aproximadamente el triple de la longitud deseada del colgante. Coger dos trozos, doblarlos por la mitad y colocarlos debajo de un trozo de cuerda de esparto. Pasar los extremos cortados sobre la cuerda y a través del bucle del pliegue, anundando así la cuerda de nilón a la cuerda de esparto. Repetir dos veces con los cuatro trozos restantes de cuerda de nilón. Dividir ésta en tres partes formadas por cuatro trozos de cuerda y trenzarlas para formar la base del colgante.

2

Rematar el extremo de la trenza atándola con un trozo de cuerda de nilón.

3

Formar pequeños manojos de hierbas atándolos con alambre de florista y unirlos todos con cuerda de esparto. Utilizar ésta para atarlos a la base trenzada.

4

Atar las macetas pasando dos cables de conexión por el agujero central y unir los extremos retorciéndolos.

5

Atar los tiestos a la base pasando un cable de conexión por los alambres de las macetas, a través de la trenza y después unir los extremos retorciéndolos.

6

Pasar la cuerda de esparto alrededor de las cabezas de ajo y atar éstas a la base. Atar con alambre o pegar los chiles en su sitio y llenar las macetas con más chiles.

Centro de mesa con velas y conchas

Un viejo tiesto, unas conchas de vieira que podemos obtener en la pescadería y otras conchas más pequeñas cogidas en la playa, forman un fabuloso centro de mesa inspirado en Venus. Puede colocarse una vela en el centro, como vemos aquí, o llenarlo de flores y frutos secos.

MATERIALES

pistola de cola caliente y sticks de cola
8 conchas curvadas de vieira
tiesto de 18 cm de altura
bolsa de conchas de berberechos
4 conchas planas de vieira
periódico, espuma florista u otro material de embalaje
platillo
vela
rafia

1

Aplicar bastante cola caliente en el borde inferior interno de una concha curvada de vieira. Mantenerla unos segundos en el borde del tiesto hasta que quede bien pegada. Seguir pegando conchas en la parte superior del tiesto, superponiéndolas hasta que todo el borde quede cubierto.

2

Pegar del mismo modo una concha de berberecho en el punto de unión de dos conchas de vieira. Continuar alrededor del tiesto.

3

Colocar otra fila de berberechos en los puntos de unión de la primera fila. Pegar las conchas de vieira planas boca arriba en la parte inferior del tiesto, primero por delante, después por detrás y por último en los dos lados para que el tiesto quede recto.

4

Llenar el tiesto de material de embalaje y colocar un platillo en la parte superior. Poner una vela en el platillo.

5

Atar rafia alrededor del tiesto donde se une con el soporte.

6

Decorar el soporte con más berberechos si se desea. Poner unas cuantas conchas de vieira en la fila original para conferir mayor sensación de plenitud.

Centro de especias

Cofeccionar un centro culinario y deliciosamente aromático con clavos y anises estrellados, colocarlo en un tiesto decorado con palitos de canela y poner en la parte superior una cruz formada también con palitos de canela. Pegar todos los clavos en la espuma de florista es fácil de hacer y muy terapéutico.

MATERIALES

taladradora pequeña
maceta
cuchillo
palitos de canela
cola
pistola de cola caliente y sitcks de cola
cono de espuma seca de florista
paquete grande de anises estrellados
clavos

1

Preparar la maceta cortando los palitos de canela a la longitud del tiesto y pegarlos en su sitio.

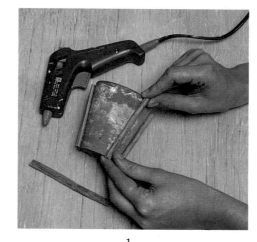

2

Recortar la parte superior del cono mayor. Cortar el cono más pequeño de manera que encaje en el interior del tiesto. Poner cuatro cables de conexión en posición vertical en el tiesto, de manera que sobresalgan de la espuma.

3

Utilizar los cables de conexión para fijar el cono recortado en la parte superior de la maceta llena de espuma.

4

Selecionar todos los anises estrellados que estén enteros del paquete y añadir alguno más de los rotos; se necesitarán unos 20 en total. Enganchar éstos pasando un cable por la parte delantera en una dirección y el otro en la parte delantera en la dirección contraria para formar una cruz.

5

Empezar colocando los anises estrellados en filas debajo del cono, unos tres a cada lado para dividir el cono. Colocar dos en sentido vertical entre cada línea. A continuación, rellenar la zona restante del cono con clavos, apretándolos para que no se vea la espuma.

6

Pegar con cola dos trozos pequeños de un palito de canela en forma de cruz. Engancharla en la parte superior a modo de decoración.

Adornos navideños naturales

Hagamos una incursión por los armarios y las cajas de trastos, añadamos ramas cortadas del jardín y gajos de frutas secas, y tendremos los ingredientes para unos deliciosos adornos navideños que pueden colgarse por separado o añadirse al árbol, o colocarse en un bramante para formar una guirnalda.

MATERIALES

*cables de conexión
manojos de ramitas
purpurina
hojas de laurel secas
gajos de pera secos
trozos de tela
gajos de manzana secos
gajos de naranja secos
gomas elásticas pequeñas
palitos de canela
bramante dorado
cabos de vela*

1

Atar los manojos de ramitas con el cable y después aplicar purpurina.

2

Formar los manojos de frutas. Hacer un pequeño bucle en el extremo de un cable de conexión. Ensartar en un alambre algunas hojas de laurel secas, y después un gajo de pera seca, atravesando la cáscara por la parte superior e inferior. Formar un gancho en la parte superior.

3

Atar un trozo de tela de color al bucle inferior y un trozo de verde (lo que vemos es gasa sintética) en la parte superior, que se asemeje a las hojas. Formar los manojos de gajos de manzana ensartando primero los gajos gruesos y después las hojas de laurel.

4

Ensartar con el cable pares de gajos de manzana más delgados por el centro y unir los cables retorciéndolos en la parte superior. Repetir la misma operación con los gajos de naranja.

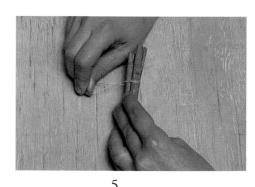

5

Utilizar gomas elásticas para formar los manojos de palitos de canela.

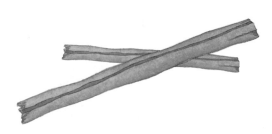

6

Colgar los adornos directamente en el árbol o confeccionar una guirnalda para colgarla en el árbol o en la ventana. Aquí se han atado utilizando bramante dorado. Los cabos de vela se anudan a intervalos.

Árbol de Navidad duradero

Este delicioso arbolito, hecho de hojas de roble secas y protegidas, y decorado con diminutas piñas pintadas con purpurina, será una encantadora decoración de Navidad. Podemos hacer varias y después agruparlas, o colocar una en cada engaste.

MATERIALES

cuchillo
manojo de hojas de roble secas teñidas
alambre de florista
piñas de abeto pequeñas
purpurina
maceta de 18 cm de altura
cono de espuma
4 cables de sujeción
cono de espuma de unos 18 cm de altura

1

Arrancar las hojas de las ramas y recortar los tallos. Atar con alambre manojos de unas cuatro hojas, haciendo algunos de ellos con hojas pequeñas, otros con hojas medianas y otros hojas con grandes. Clasificar los manojos en montones.

2

Introducir los alambres por el extremo inferior de cada piña y unir los extremos retorciéndolos. Aplicar purpurina en cada piña.

3

Preparar la la maceta cortando el cono de espuma más pequeño para introducir en la maceta, añadiendo trozos de cable de sujeción y colocando el cono mayor sobre estos. Enganchar las hojas en el cono, empezando por la parte superior con los manojos de hojas pequeñas y continuando con las hojas medianas y grandes para darle una forma real. Para acabar, añadir las piñas con purpurina.

Árbol con frutas

Las hojas con glicerina forman una base perfecta para cualquier elemento de jardinería. Se pueden comprar en ramas, con la glicerina aplicada listas para usar, o aplicar uno mismo la glicerina en ramas cortadas del jardín. Aquí se han atado con un alambre formando manojos, lo que les confiere un aspecto fabuloso.

MATERIALES

podadera
3 ramas de hojas de haya con glicerina
alambres de sujeción
gajos de pera secos
pelota de espuma de unos 13 cm de diámetro
maceta de 18 cm de altura

1

Arrancar las hojas de las ramas y cortar los tallos cortos. Atar con alambre pequeños manojos de cuatro o seis hojas de haya y unir los extremos de los cables retorciéndolos.

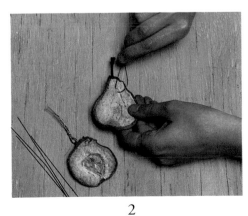

2

Pasar un cable de sujeción por la parte superior de cada gajo de pera y unir los extremos retorciéndolos.

3

Cubrir completamente la parte de la pelota que se ve por encima de la maceta con las hojas de haya.

4

Añadir los gajos de pera e introducir la pelota en la maceta.

Falso tapiz de suelo

Tapiz de lona

Cenefa pintada con estarcido

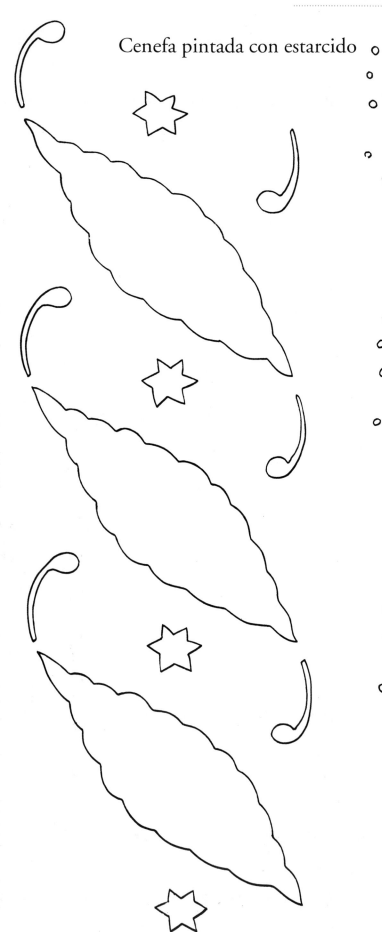

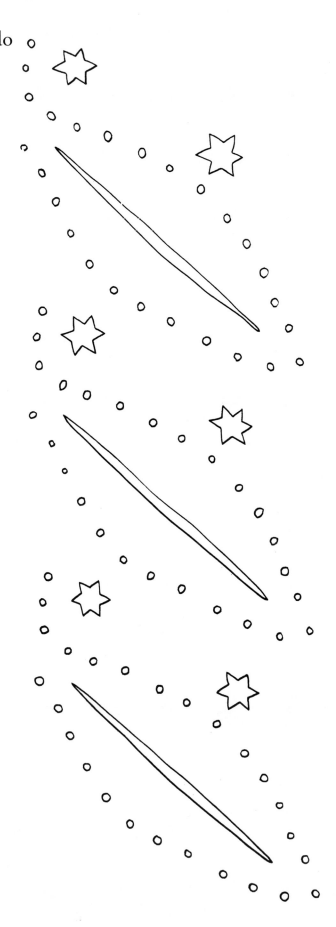

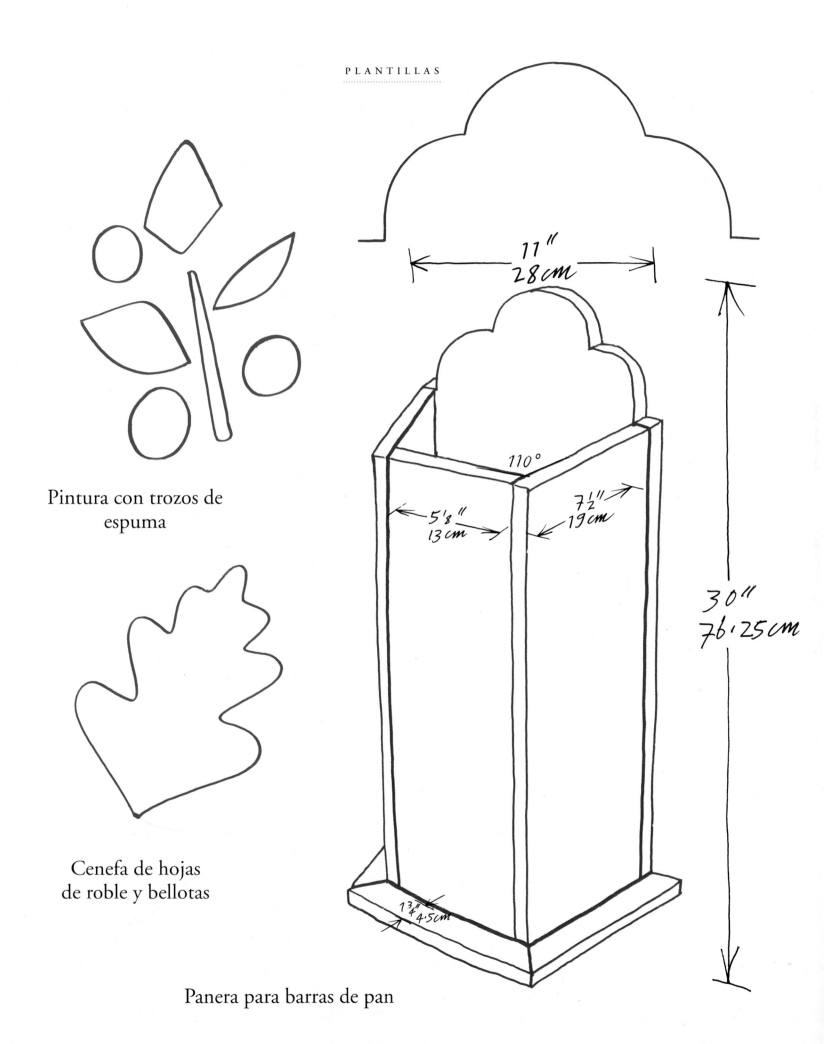

Pintura con trozos de
espuma

Cenefa de hojas
de roble y bellotas

Panera para barras de pan

11"
28cm

110°

7 1/2"
19cm

5 1/8"
13cm

30"
76·25cm

1 3/4"
4·5cm

Arcón pintado

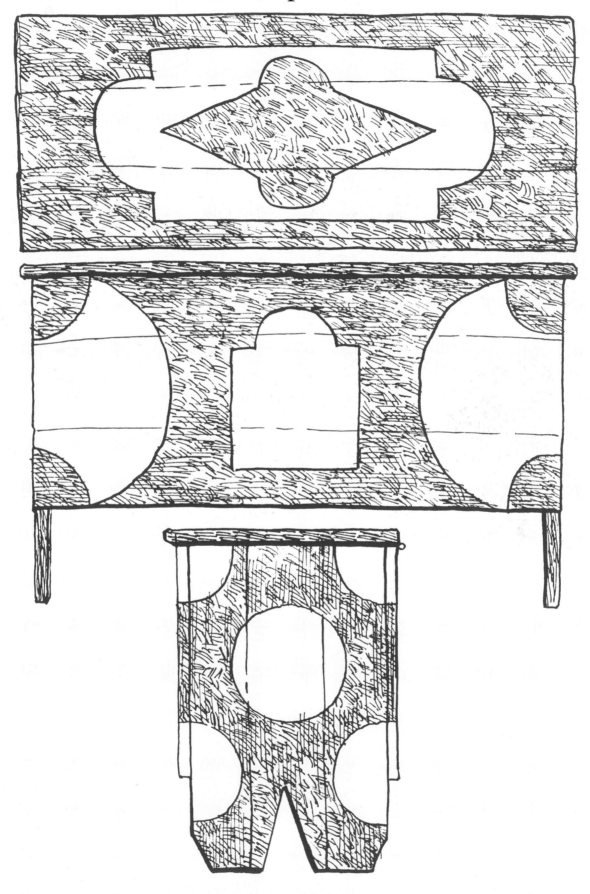

Conejo ficticio de madera

Soporte de estantería y para el ficticio de madera

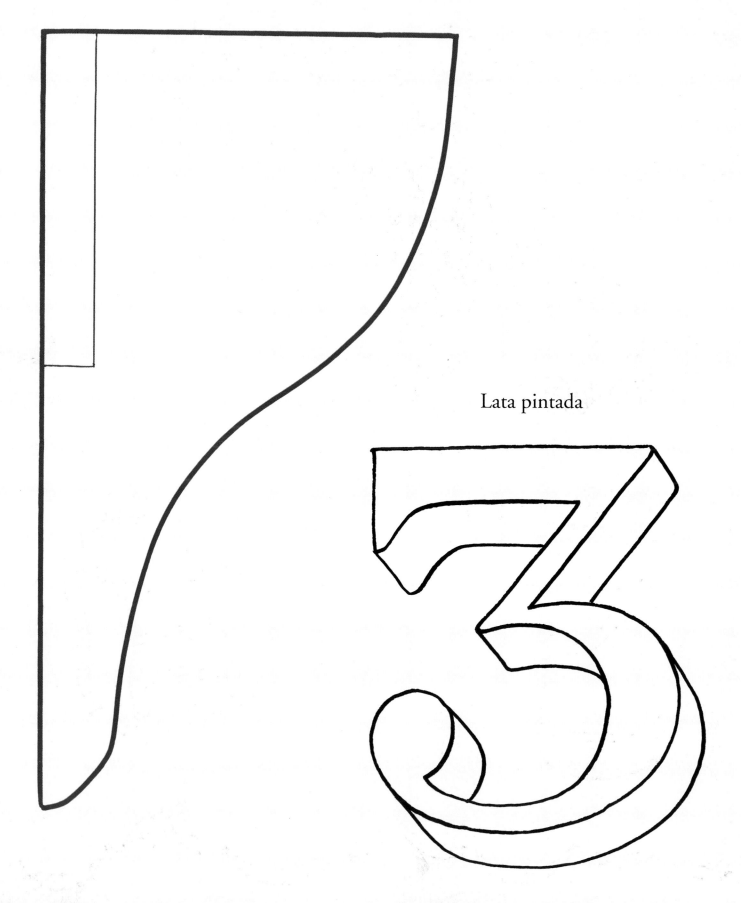

Lata pintada

Tela bordada para cubrir el riel de la ventana

Índice